REGIME JURÍDICO DA COMPENSAÇÃO FINANCEIRA SOBRE EXPLORAÇÃO MINERAL (CFEM)

JOSÉ ANTÔNIO DE ANDRADE MARTINS
GEORGHIO ALESSANDRO TOMELIN

Renato Lopes Becho
Prefácio

Eduardo Ricca
Posfácio

REGIME JURÍDICO DA COMPENSAÇÃO FINANCEIRA SOBRE EXPLORAÇÃO MINERAL (CFEM)

Belo Horizonte

2014

© 2014 Editora Fórum Ltda.

É proibida a reprodução total ou parcial desta obra, por qualquer meio eletrônico, inclusive por processos xerográficos, sem autorização expressa do Editor.

Conselho Editorial

Adilson Abreu Dallari
Alécia Paolucci Nogueira Bicalho
Alexandre Coutinho Pagliarini
André Ramos Tavares
Carlos Ayres Britto
Carlos Mário da Silva Velloso
Cármen Lúcia Antunes Rocha
Cesar Augusto Guimarães Pereira
Clovis Beznos
Cristiana Fortini
Dinorá Adelaide Musetti Grotti
Diogo de Figueiredo Moreira Neto
Egon Bockmann Moreira
Emerson Gabardo
Fabrício Motta
Fernando Rossi

Flávio Henrique Unes Pereira
Floriano de Azevedo Marques Neto
Gustavo Justino de Oliveira
Inês Virgínia Prado Soares
Jorge Ulisses Jacoby Fernandes
Juarez Freitas
Luciano Ferraz
Lúcio Delfino
Marcia Carla Pereira Ribeiro
Márcio Cammarosano
Marcos Ehrhardt Jr.
Maria Sylvia Zanella Di Pietro
Ney José de Freitas
Oswaldo Othon de Pontes Saraiva Filho
Paulo Modesto
Romeu Felipe Bacellar Filho
Sérgio Guerra

Luís Cláudio Rodrigues Ferreira
Presidente e Editor

Revisão: Marcelo Belico
Bibliotecário: Ricardo Neto – CRB 2752 – 6ª Região
Capa e projeto gráfico: Walter Santos
Diagramação: Derval Braga

Av. Afonso Pena, 2770 – 16º andar – Funcionários – CEP 30130-007
Belo Horizonte – Minas Gerais – Tel.: (31) 2121.4900 / 2121.4949
www.editoraforum.com.br – editoraforum@editoraforum.com.br

M386r	Martins, José Antônio de Andrade
	Regime jurídico da compensação financeira sobre exploração mineral (CFEM) / José Antônio de Andrade Martins ; Georghio Alessandro Tomelin ; Prefácio Renato Lopes Becho ; Posfácio Eduardo Ricca. – Belo Horizonte : Fórum , 2014.
	100 p. ISBN 978-85-7700-859-9
	1. Direito tributário. 2. Direito administrativo. 3. Direito constitucional. 4. Direito minerário. 5. Economia. 6. Recursos naturais. I. Tomelin, Georghio Alessandro. II. Becho, Renato Lopes. III. Ricca, Eduardo. IV. Título.
	CDD: 341.39 CDU: 336.2

Informação bibliográfica deste livro, conforme a NBR 6023:2002 da Associação Brasileira de Normas Técnicas (ABNT):

MARTINS, José Antônio de Andrade; TOMELIN, Georghio Alessandro (Coord.). *Regime jurídico da compensação financeira sobre exploração mineral (CFEM)*. Belo Horizonte: Fórum, 2014. 100 p. ISBN 978-85-7700-859-9.

SUMÁRIO

PREFÁCIO
Renato Lopes Becho 7

RELATÓRIO 15

I
A COMPENSAÇÃO FINANCEIRA SOBRE EXPLORAÇÃO MINERAL (CFEM) – CENÁRIO, ARSENAL E ESTRATÉGIA.............................17

II
AS COMPENSAÇÕES E SUA CLASSIFICAÇÃO COMO RECEITA PÚBLICA 21

III
MINAS, JAZIDAS, LAVRA E O NASCIMENTO DA TRIBUTAÇÃO NO SETOR 23

IV
O ÂNGULO JURÍDICO TRIBUTÁRIO NA ANÁLISE DA EXAÇÃO.....27

V
O ÂNGULO FINANCEIRO NA EXAÇÃO 31

VI
UM ÂNGULO CONSTITUCIONAL NOVO E A IMPRESCINDÍVEL SUPERAÇÃO DA ANTINOMIA QUE SUPOSTAMENTE GERA 39

VII
SOB O SIGNO DO PREÇO PÚBLICO – NATUREZA JURÍDICA ACOLHIDA PELA JURISPRUDÊNCIA MAJORITÁRIA......................43

VIII
RESQUÍCIOS DO IUM NA MECÂNICA ATUAL DE COBRANÇA DA CFEM 47

IX
SISTEMÁTICA DE EXECUÇÃO OU COBRANÇA DA CFEM............51

X
BOA-FÉ DA ADMINISTRAÇÃO 53

XI
SERIA VÁLIDO UM FATO GERADOR DE TIPO ABERTO EM
HIPÓTESE DE COMPENSAÇÃO?..57

XII
CFEM – COMPENSAÇÃO APOIADA EM BASE DE CÁLCULO
FIXADA EM REGIME *ULTRA FORFAITARIO* 63

XIII
COBRANÇAS OU GLOSAS ILÍQUIDAS NÃO SÃO EXECUTÁVEIS E
NÃO ATENDEM AO ROL DE DEVERES FUNCIONAIS DO FISCO.....69

XIV
PERÍCIA PARA APURAÇÃO DO CUSTO DE PRODUÇÃO E
IMPOSSIBILIDADE DE APURAÇÃO FICTA, A PARTIR DE MERA
PRESUNÇÃO *HOMINIS* 71

XV
CADUCIDADE POR PEREMPÇÃO *CONTRA ADMINISTRATIONEM*
NO CONCERNENTE AOS FATOS E PRESCRIÇÃO DO DIREITO DE
COBRAR..79

XVI
PRESCRIÇÃO E OUTRAS OBJEÇÕES AO DIREITO DE COBRAR........83

XVII
SUCESSÃO NO PAGAMENTO A MENOR DE OBRIGAÇÃO *OB REM*
POR ADQUIRENTE DE BENS OU DIREITOS MINERÁRIOS..................91

CONCLUSÕES..95

POSFÁCIO
NOVOS DESAFIOS À CFEM
Eduardo Ricca 97

REFERÊNCIAS..99

PREFÁCIO

Pode causar surpresa a quem não labuta no direito que existam dúvidas quanto a uma cobrança estatal, ou até mesmo feita por particulares, relacionada à natureza do objeto exigido. Qual a sua natureza jurídica? A resposta a essa pergunta é de interesse prático, pois significará indicar o conjunto normativo que regulará a conduta dos partícipes da relação jurídica.

Um dos vértices problemáticos tem em um ponto a cobrança de uma obrigação administrativa e de outro a possibilidade de ser uma obrigação tributária. Para além de indicar qual o profissional do direito a ela afeito, um *administrativista* ou um *tributarista*, a definição da natureza jurídica própria trará consigo exigências normativas distintas, tais como a hierarquia, o nível de produção legislativa exigida pela Constituição Federal, os princípios envolvidos, autoridades, prazos e formas de cobrança e daí para um amplo arsenal de dados a serem minuciosamente examinados.

O quadro descrito pode impressionar, negativamente, àquele a quem está sendo cobrada a obrigação. Ao profissional do direito, notadamente entre os chamados *administrativistas* e *tributaristas*, a dúvida é perfeitamente normal e faz parte dos temas clássicos das matérias. Indicar para onde vai o dinheiro arrecadado ou cobrado também não ajuda a definir a natureza jurídica da exação. Até mesmo uma cobrança particular pode envolver um tributo. Assim, não deve causar surpresa a possibilidade de cobrança de tributos por particulares (particulares exigindo *tributo* de particulares), pois uma pesquisa a respeito da natureza do pedágio e das custas e emolumentos de cartórios pode trazer novos e intrigantes elementos.

Não é por outra razão que o legislador, em texto de rara franqueza, estipulou que:

> A natureza jurídica específica do tributo é determinada pelo fato gerador da respectiva obrigação, sendo irrelevantes para qualificá-la:
> I - a denominação e demais características formais adotadas pela lei;
> II - a destinação legal do produto da sua arrecadação.

O comando citado é o art. 4º do Código Tributário Nacional, diploma que tem força de lei complementar, cumprindo o determinado na Constituição Federal, art. 146, III, "a" e "b".

Pelo indigitado texto, identificamos duas estipulações, uma positiva e outra negativa. A primeira se refere ao que deve ser levado em conta na determinação da natureza tributária: a análise do *fato gerador* da obrigação, ou seja, ao acontecimento descrito hipoteticamente na lei que, em ocorrendo no mundo real, fará surgir a obrigação tributária. A outra parte do texto legal é negativa, determinando o legislador que o nome não importa quando se verificar a natureza tributária de uma cobrança, bem como outras características formais (não as substanciais), assim também como o dinheiro arrecadado com a cobrança não determina ser um tributo ou não.

Por esses motivos, não devemos confiar nos rótulos usados pelos legisladores. Terá natureza tributária a cobrança que surgir do *fato gerador tributário*, não o que tiver como nome *imposto, taxa* ou *contribuição de melhoria*. Também não será tributo a cobrança que noticie como será aplicado e gasto os valores arrecadados. Ainda que o seja nos quadrantes habitualmente suportados pela carga dos tributos, não é pela *descrição do cofre* que se identifica seu conteúdo. Na linguagem do legislador, é pelo *fato gerador* que se conhece o tributo. Analisando o tema profundamente e de forma magistral, Alfredo Augusto Becker e depois Gerado Ataliba identificaram que a expressão é dúbia, ora sendo usada para indicar a legislação de regência de cada tributo, ora para se referir ao acontecimento de cunho econômico, ocorrido no mundo real. Ataliba propôs, então, que a substituíssemos *fato gerador* no sentido normativo por *hipótese de incidência tributária*. Prosseguindo no estudo teórico do tema, Paulo de Barros Carvalho indicou a preferência por chamarmos a descrição normativa de *regra matriz de incidência tributária*, composta pelos critérios material, espacial, temporal, pessoal e quantitativo. É esse o campo descritivo de onde podemos tirar a natureza tributária de uma cobrança, notadamente pela combinação do critério material com um dos componentes do critério quantitativo, a base de cálculo.

O leitor dessas linhas pode concluir que a cobrança da *Compensação Financeira sobre Exploração Mineral (CFEM)*, o objeto do trabalho aqui trazido a público deve ter natureza tributária, pela linha do discurso por nós indicada. Todavia, o que apresentamos é apenas o fruto das referências por nós adotada.[1] Seus autores, para além dos rótulos acadêmicos de *tributaristas*, que veem preponderantemente o Direito Tributário, ou *administrativistas*, que deitam olhos na disciplina Direito Administrativo, estão no nível mais elevado dos *juristas*, aqueles profissionais que conseguem conhecer amplamente o espectro do direito.

---

[1] BECHO, Renato Lopes. *Lições de direito tributário*: teoria geral e constitucional. 2. ed. São Paulo: Saraiva, 2014. p. 318.

Este livro é o resultado de admirável pesquisa que investigou profundamente a chamada *Compensação Financeira sobre Exploração Mineral (CFEM)*, instituída pela Lei Federal nº 7.990, de 28 de dezembro de 1989, tendo por sujeito ativo o Departamento Nacional de Produção Mineral (DNPM). Os autores desta obra, os doutores José Antônio de Andrade Martins e Georghio Alessandro Tomelin, se desincumbiram da árdua tarefa com maestria, transferindo para o papel todo o amplo cabedal de seus conhecimentos.

A obra é de linguagem profunda, mas sem abrir mão da didática necessária para compreensão do tema, demonstrando o traquejo de quem domina a área com técnica e habilidade. São abordados conceitos indispensáveis do objeto de estudo, partindo de críticas às mudanças perpetradas na Constituição Federal, a respeito da mineração, bem como mediante a rica análise da tributação no setor e de seu objeto.

De igual vulto são tecidos argumentos profundos resultantes do estudo da natureza jurídica da CFEM, o que remete a indagação de estarmos diante de um tributo, de um preço público ou de cobrança de outra natureza. Os autores se posicionam pela natureza tributária desta compensação mas não sem antes adentrar como a jurisprudência vem se firmando sobre o tema, bem como, os impactos que a escolha de tal posicionamento trará para o regime de cobrança deste crédito. É neste ponto que os autores propõem interessante análise do art. 3º do Código Tributário Nacional (CTN) como importante ferramenta para o "desvelamento de criptotributações (tributações invalidadas especificamente pelo fato de estar um real tributo, nelas, sendo dissimulado a ponto de parecer instituto jurídico de natureza outra)".

Avançando na matéria são estudadas as consequências de se admitir tal cobrança como tributo ou preço público diante dos meios de cobrança dispostos em nosso ordenamento. Para tanto são também abordados ângulos processuais a respeito do tema, tais como a aplicabilidade da execução fiscal para a cobrança da CFEM, a falta de liquidez do título e a aplicação da gama de princípios constitucionais no momento de formação e cobrança do título.

Interessante notar que os autores tangenciam temas contemporâneos de profundo debate prático e acadêmico. É neste toada que abordam a questão da boa-fé da administração na formação do título da CFEM bem como na confecção das normas que tratam a respeito do tema, os prazos de prescrição e decadência, e a possibilidade de se estender a cobrança a novos sujeitos passivos, combatendo com fartos argumentos o desrespeito ao princípio da segurança jurídica. Pela coesão de ideias e análise profunda do tema, é obra obrigatória e extremamente indicada não só para acadêmicos e profissionais que militam na área, mas também para os operadores do direito em geral.

Conheci o doutor Andrade Martins no ambiente profissional do egrégio Tribunal Regional Federal da Terceira Região, com sede em São Paulo/SP e jurisdição sobre esse Estado e Mato Grosso do Sul. Acima de seu título de Desembargador Federal, o coautor já era visto como um jurista e um publicista, suplantando os limites elevadíssimos das atribuições do cargo. Não foi por outra razão que proferia palestras em congressos nacionais de direito tributário e tornou-se referência acadêmica, por aliar conhecimentos técnicos com a sensibilidade necessária para captar os acontecimentos ao seu redor, como exemplificamos com a seguinte passagem de sua lavra:

> É sabido que com a dinamização da atividade econômica e com o progressivo aumento das exigências da sociedade — no caso do Brasil, graças principalmente ao negligenciado acúmulo duma formidável "dívida social" — a tributação se destrambelhou às completas, passando a caracterizar-se como inaceitável "voracidade fiscal", à custa de um sem-número de afrontas a normas e princípios constitucionais tributários.
>
> Nesse crítico contexto, à medida que se banalizava totalmente a postura estatal de buscar arrecadação como um fim em si mesmo, mediante incansáveis investidas no patrimônio dos cidadãos contribuintes, o indébito tributário veio-se tornando ocorrência corriqueira na cena jurídica.[2]

Na qualidade de professor e jurista, Andrade Martins foi — para honra nossa — membro de banca de doutorado que nos arguiu com ímpar propriedade. Afinal, ao lado de nosso orientador Roque Carrazza, ombreava com Lúcia Valle Figueiredo a dupla qualidade de arguidores no doutorado e revisores de nossas decisões judiciais exaradas no exercício da jurisdição como juiz federal.

Nessa época o doutor Georghio Tomelin já trabalhava com Andrade Martins, na qualidade de assessor. Mas também com Georghio nossos caminhos eram trilhados proximamente tanto nos prédios da Justiça Federal quanto nos corredores e salas de aula da Pontifícia Universidade Católica de São Paulo (PUC-SP). Jovem brilhante e maduro, destacava-se dos demais alunos de graduação pelo olhar aguçado, a experiência preciosa — ainda que precocemente adquirida — e a exploração de uma mente brilhante, posta a trabalhar de maneira crítica, à moda de Emmanuel Kant, o mundo a seu redor. Reencontrá-lo como jovem advogado recém-formado, mas já premiado (recebeu o prêmio *J. H. Meirelles Teixeira* e duas vezes o prêmio *Caio Tácito*) nos congressos científicos não foi surpresa, pois

---

[2] MARTINS, José Antônio de Andrade. Compensação tributária autônoma e direito sumular. *In*: ROCHA, Valdir de Oliveira (Coord.). *Problemas de processo judicial tributário*. São Paulo: Dialética, 1999. v. 3. p. 19.

Georghio já possuía o traquejo do professor em estado latente, naquelas oportunidades exteriorizado.

A expertise do par de juristas foi amplamente posta em prática no escrutínio da *Compensação Financeira sobre Exploração Mineral (CFEM)*, para gáudio da sociedade brasileira.

São Paulo, 18 de fevereiro de 2014.

Renato Lopes Becho
Bacharel em Direito pela UFMG. Especialista em Cooperativismo pela UNISINOS/RS. Mestre, doutor e professor de Direito Tributário na PUC-SP. Livre-docente em Direito Tributário pela USP. Juiz federal em São Paulo/SP.

REGIME JURÍDICO DA COMPENSAÇÃO FINANCEIRA SOBRE EXPLORAÇÃO MINERAL (CFEM)

RELATÓRIO

Consulta-nos o *Sindicato Nacional das Indústrias de Cimento (SNIC)* sobre a correta interpretação a ser dada à exação denominada Compensação Financeira sobre Exploração Mineral (CFEM), criada pela Lei nº 7.990, de 28 de dezembro de 1989, e regulada por outros diplomas legais e administrativos, a fim de que possa orientar seguramente seus associados acerca de todas as implicações que da incidência desse gravame defluem sobre as atividades minerárias que exercem.

Dentre os inúmeros e variados preceitos de direito público tidos como vocacionados a reger a matéria, o Consulente quer ver selecionados os que efetivamente importam, a fim de nortear a escorreita liquidação da obrigação relativa à CFEM pelas empresas do setor. Tudo com vistas a aprimorar controles, facilitar a fiscalização e, bem assim, possibilitar a produção de provas nos casos em que se revelem abusivas as interpretações e cobranças alvitradas pelos órgãos públicos que administram a exação.

É solicitada a análise dos seguintes aspectos:
a) Completa revisitação da natureza dos vários tipos de exação estatal sugeridos como modelos para a CFEM: (i) tributo, naquelas suas espécies que se vêm alvitrando, e (ii) preço público; não deixando de excogitar se tal compensação financeira deveras tem aptidão para rotular-se como (iii) receita originária da União. Inadiável averiguar o que se pode alterar e o que se deve manter no atual *modus operandi* da exação, após discernir a natureza e o exato regime jurídico desta, mediante exame da Constituição e do sistema jurídico como um todo, quer à luz do direito público, quer na vereda do direito privado;
b) Independentemente da natureza jurídica que se venha a entender a mais adequada, avaliar as possíveis vicissitudes da cobrança do gravame em diferentes cenários de prescrição, decadência ou simples preclusão do ato administrativo, a fim de lhes dar adequada "impostação" intertemporal, conforme o caso;
c) Analisar as normas da CFEM pelo crivo da tipicidade cerrada do direito tributário, para aferir se respeitaram a legalidade ao definir o momento em que se dá sua incidência, nas duas hipóteses que ocorrem, após o minério extraído receber beneficiamento: (i) quando é diretamente vendido pelo explorador do recurso; e (ii) quando é utilizado *in situ* como insumo de algum produto industrial; e

d) Com foco nas relações entre o direito de propriedade, o de superfície e a concessão de lavra, averiguar se é viável que responda como sucessor da CFEM: (i) quem adquirir, de minerador em débito para com a exação, a propriedade da mina ou os direitos minerários; e (ii) quem tiver adquirido, conjuntamente, o minério ali já extraído, beneficiado pelo antecessor inadimplente.

A COMPENSAÇÃO FINANCEIRA SOBRE EXPLORAÇÃO MINERAL (CFEM)

CENÁRIO, ARSENAL E ESTRATÉGIA

1 A CFEM é a compensação criada pela CF/88 com vistas a possibilitar um caixa financeiro específico para sanar as externalidades negativas advindas da exploração mineral. A mesma CF transmudou em pública a propriedade do subsolo, suprimiu o Imposto Único sobre Minerais (IUM), e assim colocou a arrecadação da CFEM pelo minerador como condição para a exploração privada do recurso público que se entrega para o desenvolvimento nacional.

2 O Departamento Nacional de Produção Mineral (DNPM) continuou gestor de tais relações jurídicas vagamente reguladas em lei. À míngua de uma regulamentação sólida da CFEM, o DNPM se apropriou da atribuição para quantificar débitos de CFEM e os cobrar dentro de prazos prescricionais de amplo espectro.

3 O SNIC — na condição de Sindicato de empresas cujo insumo principal é o calcário — nos solicita que estudos sejam feitos para fins de saber onde exatamente o DNPM está exagerando. Daí surgem as questões apresentadas no preâmbulo deste estudo, com vistas a circunscrever parte dos problemas que o tema envolve.

4 Uma reanálise posterior de casos concretos, a partir dos insumos que vamos trazer, poderá comprovar que muito do que se cobra a título de CFEM, *ou* bem está prescrito, *ou* nunca foi devido, *ou* ainda se devido mas precisa ser cobrado do antigo proprietário da mina. A ideia que perpassa este estudo é justamente trazer elementos para os profissionais do direito, que atuam nos casos concretos, poderem interpretar em cada caso a solução mais adequada.

5 O cenário institucional que a CFEM impôs consiste na visão de um grande dilema: ou aquiescer integralmente a um esquema de imposição e cobrança constitucionalmente enviesado, ou ter de enfrentar e continuar enfrentando, talvez por muitos anos, não só a recorrência de um tema jurídico de exorbitante complexidade. Isso não destoa absolutamente do crônico modo de ser da presença do Estado na vida empresarial brasileira, que passou a sofrer, a partir de 1988, os efeitos de um recrudescimento do fenômeno que leva o nome de *fiscalismo*. Tal fenômeno ao invés de ser refreado pela Constituição então promulgada — a muitas vezes chamada Constituição Cidadã — foi por ela, paradoxalmente, ampliado e cristalizado.

6 O que é exatamente o fiscalismo? Trata-se de um endêmico viés de formação de opinião que assola os diversos patamares do serviço público e ali, mais ou menos espontaneamente, condiciona decisões quase sempre em sentido contrário ao interesse dos particulares que se defendem ou pleiteiam algo perante a Administração Pública ou o Poder Judiciário.

7 A população e as empresas sentem na pele os efeitos desse contexto, mas na realidade não dispõem de meios apropriados para a defesa "coletiva" do Estatuto do Contribuinte, maiormente se considerarmos que menos de 5% das pessoas ou empresas se rebelam contra alguma ilegalidade ou inconstitucionalidade. Na maioria das vezes, é mais simples pagar.

8 Muito embora submissos à específica linguagem da qual os chamados operadores do direito não abrem mão — para enunciar, discutir e resolver problemas —, os subscritores destas linhas têm plena consciência de que, do começo ao fim, o que se empreende aqui é o estabelecimento de um conjunto de estratégias voltadas, precisamente, ao ataque sistemático de cada ponto em que irrompe o referido *fiscalismo* brasileiro. Tal cenário contamina endemicamente os poderes da União e que, no caso da CFEM, inegavelmente fustiga todo o setor da mineração.

9 A rigor, a mineração saiu-se mal na improvisada "Assembléia Constituinte" de 1988. Os parlamentares que ali se reuniam representavam a nação, mas não eram autênticos legisladores constituintes, não eram cidadãos adredemente selecionados para exercer essa mais nobre função; eram, sim, deputados e senadores anteriormente eleitos, indevidamente aproveitados para dar ao País uma carta política supostamente merecedora desse nome.

10 Entre muitos erros então perpetrados, pretendeu tal assembleia trasladar o antigo Imposto Único sobre Minerais (IUM) para os fiscos estaduais, incorporando-o ao ICMS, mas eis que surgem, de imediato, os velhos cacoetes do fiscalismo, prontos para contornar oportunisticamente quaisquer óbices. E quadros de fiscalização que por décadas vinham cuidando do IUM passam a orientar o *modus operandi* da cobrança da CFEM.

11 No arsenal jurídico utilizado, não se deixou aqui, ainda, de coletar tudo aquilo que possa interessar em matéria de prescrição e de preclusão (decadência e outras preclusões). Estes três assuntos mostram-se especialmente relevantes sempre que se discutam quaisquer questões envolvendo aspectos de direito de propriedade e direito possessório, e

bem assim aspectos de perdas e danos imputáveis à União e/ou a terceiros. Detectáveis todos estes como subprodutos de alterações havidas ao longo do tempo, quer no plano constitucional, quer no legal, no tocante à tributação da atividade minerária.

12 A estratégia. Sempre otimizando a avaliação de tudo aquilo em que possa recair o interesse dos associados do Consulente, houvemos por bem não nos deixar empolgar por certas opiniões jurídicas diferentes, por vezes até mesmo subscritas por respeitáveis doutrinadores, uma vez que, por um mínimo de pragmatismo que no caso nos pareceu indispensável, reconhecemos a existência de uma real barreira, anteposta pelo STF, em face de quaisquer especulações teóricas novas que os juristas venham eventualmente a tecer quanto à "natureza jurídica tributária" da CFEM. É que muitos dos temas tratados no presente estudo ainda não chegaram nas Cortes Superiores, e a depender do relator de cada caso, este pode se empolgar por um ou outro aspecto.

13 É claro que, em casos extremos, a estruturação da respectiva peça judicial demandará pontual e momentânea concentração de esforços, assim como será indispensável um acompanhamento *on-line* dos trâmites processuais, mas, no geral, a matéria jurídica tributária, administrativa, civil ou minerária a ser desenvolvida nos processos administrativos ou judiciais poderá encontrar, assim esperamos, adequado subsídio neste parecer.

II

AS COMPENSAÇÕES E SUA CLASSIFICAÇÃO COMO RECEITA PÚBLICA

14 As receitas públicas se dividem em *originárias*, *derivadas* e *transferidas*. As *originárias* são as patrimoniais diretas, tais como o valor pago pela concessão de um bem ou de um serviço, ou pela locação de um próprio público dominial do estado a terceiro. As *derivadas* são as que defluem da força estatal de exigir pecúnia *ab ovo*, das quais o notório exemplo são os ingressos tributários. Já as receitas *transferidas* consistem naqueles ingressos que são repassáveis de um ente público a outro, seja a guisa de subvenções, seja em função de direta repartição constitucional de receitas (por exemplo, os fundos de participação).

15 Pois bem. É inegável que a CFEM, já à primeira vista, assemelha-se a tributo. Relevante será, porém, saber se se manterá tal impressão inicial a partir do momento em que o intérprete faça abstração do enorme aparato "tributarístico" que a exação teve de aproveitar, como reminiscência dos tempos do Imposto Único sobre Minerais (IUM), fiscalizado que era, este, por mecanismos e estrutura administrativa muito semelhantes aos atuais, com os quais a CFEM tem de conviver.

16 Ademais, não se poderá deixar de dar o devido peso à tendência, já delineada na Suprema Corte, de não enxergar na CFEM um tributo, mas sim de atentar para aspectos que apontam para um leque de soluções outras. Verdade é que o STF, no caso, empenhou-se, como é de seu mister, para salvar a CFEM da pecha de tributo inconstitucional. O tema da natureza jurídica da CFEM, entretanto, não está fechado. Para além dos temas tratados *obiter dicta*, tudo indica que os julgados se ativeram mais em desclassificá-la como tributo, do que em esquadrinhar aspectos que conduziriam a uma irrefutável natureza na condição de preço público.

17 No quadro de opções que por esta senda se oferece, duas mais de perto nos empolgaram a atenção. O preço público e a taxa. Em estudo de tamanha monta e volume de documentos (quando vários casos concretos e textos foram oferecidos pelo consulente), não seria factível partir simplesmente das decisões judiciais existentes tomando-as como ponto de chegada inevitável.

18 O primeiro caminho, em uma análise preliminar, parece ser o mais viável. Mas também a taxa, uma vez que é espécie tributária objeto de competência concorrente, é menos atingida por limitações constitucionais ao poder de tributar. Neste sentido, a leitura da compensação aproximando-a da taxa poderá salvá-la de eiva de inconstitucionalidade.

19 Não nos reportaremos a várias outras soluções preconizadas, uma vez que não nos pareceram viáveis até mesmo pelo motivo já apontado. Demais disso, ao que parece, seria temerário acender discussão sobre cada uma das variadas hipóteses de "natureza jurídica" ofertadas à CFEM. A cada passo surgiria, de novo, a increpação de "manicômio tributário" celebrizada por Alfredo Augusto Becker, antes do CTN, nos idos de 1963.

III

MINAS, JAZIDAS, LAVRA E O NASCIMENTO DA TRIBUTAÇÃO NO SETOR

20 Pois bem. A União não concebeu a CFEM como incidência sobre *recursos minerais* (seja sobre a mina ou sobre os produtos da lavra), mas sim como incidência sobre *produto mineral* (i.e., o recurso mineral depois de extraído e beneficiado). Preambularmente, anote-se que o que é passível de exploração privada é o *produto* mineral e não o *recurso*. Por economia de tempo, vejamos como a doutrina minerária trata do tema:

O Código de Mineração define o regime de concessão de lavra como aquele que depende de portaria de concessão do Ministro de Estado de Minas e Energia. Todavia, conforme comentado, a concessão de lavra não se constitui num regime de aproveitamento isolado, mas, de fato, integra o regime de autorização e concessão.

Esse Código define *lavra* como o conjunto de operações coordenadas objetivando o aproveitamento industrial da jazida, desde a extração das substâncias minerais úteis que contiver até seu beneficiamento.

Vale observar que a *jazida* é uma massa individualizada de substâncias minerais provida de valor econômico, e *mina*, a jazida em lavra, mesmo que suspensa, conforme também definido no Código de Mineração.[1]

21 Após extraído e beneficiado, o chamado produto mineral torna-se já propriedade privada, e estará apto a sofrer qualquer incidência exacional pública, tributária ou administrativa, constitucionalmente válida. Somente quando se encerra a fase de extração e beneficiamento do *recurso mineral* bruto (bem público, propriedade da União) e inicia-se a fase de comercialização ou circulação do *produto mineral* obtido (bem particular, propriedade privada do minerador) é que se estará no campo de incidência de quatro gravames, tais sejam a CFEM, ICMS, PIS e Cofins.

---

[1] RIBEIRO, Carlos Luiz. *Direito minerário*: escrito e aplicado. Belo Horizonte: Del Rey, 2006. p. 63.

22 A condição necessária e suficiente para a incidência da CFEM é a indicação, no relatório (ou boletim que corporificará o "autolançamento") enviado ao representante estadual do DNPM (e arquivado para fiscalização futura), dando conta do surgimento de patrimônio privado — o produto mineral — cujo valor é já suscetível de eventual incidência da CFEM, em duas alternativas cronológicas: (i) por venda, desde logo, a terceiros, nesse mesmo estado físico de *produto mineral*, em que se encontra; ou (ii) por venda também, mas mais tarde, quando vier a ocorrer eventualmente a submissão desse *produto mineral* a transformações que o tornem *produto industrializado*.

23 Na primeira hipótese estarão coincidindo CFEM, ICMS, PIS e Cofins; na segunda, a coincidência será de CFEM, IPI, ICMS, PIS e Cofins. A CFEM é monofásica, tal como o seu predecessor Imposto Único sobre Minerais (IUM). E aqui mais um motivo que induz à aplicação de mecanismos tributários na análise da exação, até porque nem mesmo na teoria do ato administrativo sancionatório há um capítulo solidamente normatizado sobre dosimetria ou cálculo de exações em geral.

24 O IPI e o ICMS são multifásicos (como, em regra são multifásicos o PIS e a COFINS), mas não são cumulativos, só incidindo sobre valores agregados. É por este motivo que incidem apenas após o momento em que o particular minerador reverta o recurso mineral da União em patrimônio privado, ou, mais adiante o altere fisicamente em processo de industrialização, num e noutro caso promovendo a respectiva venda.

25 Isto, é claro, para os alvarás de lavra posteriores à consolidação do subsolo como propriedade "apriorística" da União (até porque há alvarás anteriores deferidos como "manifesto de lavra" daquilo que já era originalmente privado antes da CF/88).

26 Assinale-se, *en passant*, que foi somente com a Constituição de 1934 que abandonamos a concepção unitária de propriedade (o unitarismo que vinha desde 1891) e aceitamos a dualidade (art. 118 da CF/34) e a consequente necessidade de autorização ou concessão federal para a exploração da propriedade privada (art. 119 da CF/34). Tal sistema vigorou até 1988 quando o subsolo passa a integrar textualmente os bens da União, sendo que a anterior obrigação de indenizar as jazidas que viessem a se tornar monopólio da União (art. 161, §2º, da CF/67) nunca chegou a se concretizar como regime legislativo.

27 Ou seja, uma plêiade de dispositivos constitucionais buliu no regime da propriedade e dos gravames administrativos e tributários possíveis, sem que a natureza jurídica da CFEM tivesse sido fixada ou corretamente estudada. Uma boa explicação para isso é que todos os projetos e debates constitucionais anteriores a 1988 sempre passaram à margem de temas de direito civil, abrindo assim total espaço para o Código Civil os disciplinar como cúspide.

28 Por tudo isso, a CFEM se ressente em sua análise dos impactos pregressos do regime de propriedade, e grande parte da discussão sobre a CFEM gira apenas em torno do debate sobre sua natureza jurídica exacional. A questão, é claro, admite visões diversas a depender do ponto de partida e critérios iniciais de análise. Neste estudo serão feitas as incursões necessárias com vistas a clarificar fenômenos jurídicos e impactos que os consulentes vêm sofrendo abusivamente, em grande parte tudo devido à falta de organização legislativa e os esforços do DNPM para tentar supri-la. Tal como previsto, nosso exame se deterá também sobre o preço público e a taxa.

IV

O ÂNGULO JURÍDICO TRIBUTÁRIO NA ANÁLISE DA EXAÇÃO

29 Está à beira de virar moda, ultimamente, por conta das discussões e rediscussões acerca da natureza jurídica da CFEM, a afirmação de que o art. 3º do Código Tributário Nacional não serve de pedra de toque capaz de conter os alquimistas que se abalancem a instituir gravames tributários, de natureza cogente, sob o disfarce de institutos jurídicos outros, destituídos de "cogência", terminologia preterida no dispositivo por "compulsoriedade", que talvez possua uma carga semântica mais forte. Eis a dicção do art. 3º da Lei nº 5.172, de 1966:

> Tributo é toda prestação pecuniária compulsória, em moeda ou cujo valor nela se possa exprimir, que não constitua sanção de ato ilícito, instituída em lei e cobrada mediante atividade administrativa plenamente vinculada.

30 Em primeiro lugar caberá indagar, dos depreciadores do dispositivo codificado, se a seu ver este chega a configurar uma efetiva normatividade, em termos jurídicos. É norma jurídica ou seria, antes, a romântica definição teórica de um instituto jurídico chamado *tributo*?

31 Bem. Pensemos. Será que, por faltar-lhe a expressa estrutura deôntica que a maioria das normas jurídicas exibe, consistiria este versículo numa proclamação de cunho meramente técnico, no máximo contendo referenciais tênues a pontos de vista éticos, ou políticos? Será que, nesse culminante ponto da positivação do Código, exatamente ali, onde se quer destacar o indissociável perfil compulsório que inere nos tributos, vai-se descobrir ironicamente uma "falta de compulsoriedade"?

32 Acreditamos que a crítica não chegue a tal ponto. Por não sentirem necessidade, talvez, de um critério seguro que, plantado numa lei complementar, nos ajude a confirmar ou a desconfirmar se algo tem a natureza de tributo, os detratores se limitam a afirmar que o conceito de compulsoriedade não é ali adequadamente trabalhado, em conjunto com os demais ingredientes da definição.

33 Para simplificar, vejamos a opinião de quem não se limita a criticar o dispositivo, e se esforça para que, *de lege ferenda*, se encontre uma pedra de toque dotada de maior precisão. Veja-se, do exímio Ricardo Lobo Torres, antes de tais sugestões, primeiramente a crítica que move à norma codificada em questão:

> A Constituição não define o tributo. O CTN é que oferece a seguinte definição: tributo é toda prestação pecuniária compulsória, em moeda ou cujo valor nela se possa exprimir, que não constitua sanção de ato ilícito, instituída em lei e cobrada mediante atividade administrativa plenamente vinculada (art. 3º). Constitucionalizou-se, assim, a definição codificada, até porque a CF 88 já a encontrou em vigor e não seria razoável concluir-se que a não tenha adotado.
>
> Sucede que tal definição se faz apenas pelo gênero próximo, sem atingir as diferenças específicas, donde *se conclui que todos os elementos nela contidos são essenciais à noção de tributo, mas se adaptam também a outras categorias de ingressos públicos (preços públicos, custas, contribuições sociais)*. De modo que as diferenciais características devem ser buscadas na própria Constituição, daí resultando que o tributo: é *um dever fundamental*, ao lado dos deveres militares e do serviço do júri; *limita-se pelos direitos fundamentais*, através das imunidades e das proibições de privilégio e de confisco previsto no art. 150, posto que nasce no espaço aberto pela autolimitação da liberdade: obedece aos princípios da capacidade contributiva (art. 145, §1º) ou do custo-benefício (art. 145, II e III) — aquele informa principalmente os impostos e este, as taxas e as contribuições de melhoria — sendo-lhes a rigor estranhos princípios como os da solidariedade social ou econômica: destina-se a suportar os gastos essenciais do Estado ou as despesas relacionadas com as atividades específicas do Estado de Direito, vedado o seu emprego para suprir necessidade ou suprir déficit de empresas, fundações ou fundos (art.167, VIII, CF) e excluída do seu conceito a finalidade puramente extrafiscal: emana do *poder específico de legislar* sobre tributo no marco do poder distribuído pela Constituição (arts. 145, 148, 149, 150, I e §6º, 153, 154, 155 e 156), inconfundível com o poder genérico de legislar (art. 5º, II e 48).[2] (grifos nossos)

34 Esta belíssima condensação de normas constitucionais tributárias infelizmente não atingiria, no entanto, a conformação de uma boa e enxuta pedra de toque — uma peneira que separe o joio do trigo — como nos parece necessário no caso da CFEM, ou seja, um critério que nos sirva para identificar qualquer espécime de tributo dissimulado e para, assim, desestimular o legislador *criptômano* que se aventure a plasmar imposturas que tais.

---

[2] TORRES, Ricardo Lobo. *Curso de direito financeiro e tributário*. Rio de Janeiro: Renovar, 1993. p. 305-306.

35 Veja-se bem. Para esta precisa finalidade — talvez o uso mais nobre do critério — o fato de se incluir como elemento essencial da almejada definição a exigência de que um determinado "espécime" a ser por com ela cotejado tenha vindo a lume por meio de norma legal emanada do "poder específico de legislar sobre tributo" (*forma dat esse rei?*), está nos parecendo ineficaz a cautela proposta.

36 E o ilustre autor citado, condensando ainda mais todo o peso que justamente entrevê na Constituição Tributária, formula definição que traz em si, é pena, o mesmo óbice já apontado:

> Tributo é o dever fundamental, consistente em prestação pecuniária, que, limitado pelas liberdades fundamentais, sob a diretiva dos princípios constitucionais da capacidade contributiva, do custo/benefício ou da solidariedade do grupo e com a finalidade principal ou acessória de obtenção de receita para as necessidades públicas ou para atividades protegidas pelo Estado, *é exigido de quem tenha realizado o fato descrito em lei elaborada de acordo com a competência específica outorgada pela Constituição*.[3] (grifos nossos)

37 À luz dessa definição, como se pode perceber, nenhum gravame que viesse a exame desvestido dos paramentos de *lei tributária* elaborada de acordo com a competência específica outorgada pela Constituição poderia ser proveitosamente sindicado, a fim de ter sua dissimulada natureza de tributo desvendada. Por esta senda não se vê, por exemplo, como pudessem ser identificados como empréstimos compulsórios o bloqueio dos cruzados novos de 1990, ou o que se impõe até hoje aos bancos.

38 Na realidade, o art. 3º do CTN serve muito bem para o desvelamento de *criptotributações* (tributações invalidadas especificamente pelo fato de estar um real tributo, nelas, sendo dissimulado a ponto de parecer instituto jurídico de natureza outra), não se vendo, ademais, do ponto de vista formal, conveniência alguma em departamentalizar, como faz o autor, a tarefa legislativa: o legislador é um só. Não é preciso que seja o autor da lei especificado "a priori" como legislador tributário, eis que, mesmo sendo "financeiro", ou "bancário", ou "minerário", de qualquer modo estará apto a desenhar a estrutura obrigacional de um novo tributo, restando a este, diante de resultado positivo, é claro, passar por outros testes em que se lhe afira a validade no conjunto do sistema constitucional tributário vigente.

39 Desenganadamente, a compulsoriedade é o conceito-chave para a eficácia do art. 3º, tornando-o o verdadeiro crivo para descarte do tributo dissimulado, como no presente caso pode vir a ser, em tese, arguido. Em matéria tributária não vale o velho apotegma civilístico *coactus voluit sed voluit*. Não se pode dizer que o imposto de renda pátrio não recaia sobre

---

[3] TORRES. *Curso de direito financeiro e tributário*, p. 306-307.

nós compulsoriamente, pelo fato de que livremente quisemos viver, e produzir, e obter renda no Brasil. Óbvio que não.

40 Devemos analisar a matéria pelo prisma da insuprimível bilateralidade atributiva das relações jurídicas (figura tão cara para Del Vecchio). Seria acaso possível admitir que o minerador se submete à CFEM não porque consista esta numa prestação compulsória, mas sim porque, livremente, ele ter-se-ia instalado no polo passivo da relação jurídica da qual essa prestação seria o objeto?

41 Acaso, teria o minerador, já no momento em que requereu autorização para a pesquisa da lavra, externado uma autovinculativa declaração de vontade, dando "a priori" como já aceita a sua futura sujeição passiva em face da CFEM, caso, lá adiante, proveitosa se mostrasse a extração do minério? Isto o retiraria da situação de explorador privado, colocando-o na posição de particular em colaboração com a administração, e, portanto, imerso num regime de submissão especial (que poderia até mesmo abarcar os limites internos de sua atuação)? A resposta é negativa. Vejamos.

42 A toda evidência, o comando veiculado na lei instituidora da exação é, não apenas necessário ao surgimento da sujeição, mas também é suficiente para tanto. A prestação da CFEM não é *tout-court* uma obrigação civil, nem tampouco uma obrigação administrativa assumida em contrato no qual apenasmente se derrogaram algumas cláusulas de índole civilista.

43 A prestação da CFEM tem virtualmente caráter *tributariforme* (e o rigor do CTN e da CF não permitem falar em CFEM *como* preço público). Até porque torna-se obrigatória no exato momento em que se dá a venda do produto da lavra — o produto mineral — comensurado este, mensalmente, pelo valor do faturamento líquido, na forma da lei.

V

O ÂNGULO FINANCEIRO NA EXAÇÃO

44 Os mecanismos de análise de direito financeiro, conduzem a uma natureza administrativa da exação, como se um *preço público* fosse em todos os seus aspectos. Já os mecanismos e institutos de direito tributário, por outro lado, levariam, quem sabe, a uma conformação a modo de contribuição (eis que assim escaparia a eivas de bitributação impositiva, refreada na Constituição). Pela abordagem que neste ponto vamos promover, poderia a CFEM assumir a natureza de preço público, como um dado inafastável a partir da decisão do STF neste sentido, sem, contudo, deixar de apontar a indispensável adoção dos mecanismos de direito tributário e financeiro, todos de extrema importância e constitucionalmente inerentes à mecânica da sua cobrança.

45 O Judiciário haverá de confirmar ou desconfirmar, às expressas, tudo aquilo que até agora vem se conformando sobre o tema. Não se pode, porém, deixar de reconhecer que, dependendo da ótica que se utilize para a análise da CFEM, tanto é possível que se decida dando razão à opção pelo preço público, como viável a assunção de alguma alternativa em pró da natureza tributária. Por ora, todavia, deixar de privilegiar uma dessas possibilidades teóricas colocaria a discussão num beco sem saída lógico (uma aporia jurídica), por se atribuir natureza dúplice a uma prestação de natureza publicística, sem que de tal debate se extraísse qualquer conclusão útil.

46 Uma coisa é certa, porém: seja a CFEM um imposto, uma contribuição de intervenção no domínio econômico, uma taxa ou um preço público, jamais a administração haverá de poder transmudar ou restringir os mecanismos contábeis de escrituração ou, ainda, a conformação da base de cálculo de quaisquer gravames, pois a lei tributária (ou outra que se lhe assemelhe) não pode alterar a definição, o conteúdo e o alcance de institutos, conceitos e formas do direito privado utilizados, expressa ou implicitamente, pela Constituição a que a lei instituidora se reporte, para definir ou limitar competências tributárias (cf. art. 110 do CTN). Isso porque, ainda quando se reconheça a alta periculosidade de conceitos e definições nas mãos dos legisladores, em direito tributário elas cumprem claramente importante função.

47 No caso da CFEM, por exemplo, não se admitiria a uma das unidades federadas arrogar-se o status de detentor de competência tributária plena pelo simples fato de que, em virtude do termo "compensação" estampado no art. 20, §1º, da CF, elas, na condição de beneficiadas, poderiam exercer autonomamente as atividades regulamentadora, consultiva, arrecadatória e de fiscalização pertinentes. Donde a utilização da figura da taxa de serviço estadual como meio hodierno para *furar* este bloqueio competencial.

48 De qualquer maneira, não se pode deixar de registrar aqui duas agudas advertências. Uma de Salvatore Pugliatti, exímio jurisconsulto peninsular:

> É noto, infatti, il principio "*omnis definitio in iure periculosa est*" (D.50, 17, 202), ed è pure noto que una nutrita corrente dottrinale ha negato la natura di vere e proprie norme alle disposizioni di legge contenenti definizioni.[4]

49 Vale ainda a observação arguta de Leônidas Hegenberg, exímio cientista brasileiro, filósofo, lógico e matemático:

> Muita gente discute a questão das definições por um ângulo extravagante, pedindo que definamos coisas. Pedem que apresentemos a "definição" de sapato, elefante, grade... Isso não é viável. Objetos desse gênero são exibidos e batizados — nada mais. Podemos, entretanto, no seio de uma particular língua, definir a palavra "sapato", dizendo, p. ex., que deliberamos usá-la para indicar "qualquer tipo de calçado". Mais tarde, se preciso, definiremos outras palavras, abrindo um leque destinado a distinguir, p. ex., "sandália", "tamanco", "chinelo", "mocassim", etc., etc. Também podemos, no seio de um particular discurso, definir a palavra "elefante", decidindo emprega-la para indicar "qualquer pessoa de peso superior a cem quilos". Como podemos decidir que, para fins específicos, "grade", num particular contexto, significará "locutório de um convento". Insistindo, sublinhe-se que não definimos coisas, mas palavras, ou termos.[5]

50 E ainda Hegenberg vai mais longe em sua explicação:

> Em apreciável número de casos, as palavras se associam a amplos conjuntos de outras palavras — todas elas constituindo uma espécie de *rede de significados* ("teoria") que elucida cada qual delas por indiretas e complicadas vias. Ilustrativamente, cogitemos de "violação", "infração", "delito", etc. O significado desses termos depende de ser haver compreendido, previamente, o que significam "agravo", "injúria" (que delimitam o significado de

---

[4] PUGLIATTI, Salvatore. *Il trasferimento delle situazioni soggettive*. Milano: Giuffrè, 1964. p. 11.
[5] HEGENBERG, Leônidas. *Saber De e Saber Que*: alicerces da racionalidade. Petrópolis: Vozes, 2002. p. 76.

"ofensa") e "justo", "norma", "lei", "conformidade", "contrato", etc. (que delimitam o significado de "direito", ou seja, "aquilo que justo e conforme a lei"). De posse de tais significados, pode-se caracterizar "violação" ("ofensa ao direito alheio") e, em particular, "infração" ("violação de norma legal ou contratual"). Daí surge "contravenção", isto é, "mínima infração passível de punição". Depois de compreender o que significam "dolo" ("engano, traição") e "culpa" ("ato condenável"), torna-se viável entender "crime" ("violação dolosa ou culposa da lei penal"). Note-se que "fraude", de acordo com os dicionários, é sinônimo de "burla" e de "dolo", vocábulos que nos remetem para "violação"; analogamente, "infração" aparece como sinônima de "transgressão" que torna a nos remeter para "violação", fechando o círculo de significados — um círculo não necessariamente vicioso, mas de que apenas os especialistas na matéria estão em condições de escapar.[6]

51 Pois a CFEM parece apresentar-se aos olhos dos intérpretes como algo que ostenta múltiplas faces, fazendo-os digladiar brandindo argumentos sobremaneira díspares, fundados em classificações e tipificações que, lamentavelmente, a cada passo, veem escancarada a própria precariedade.

52 Conforme já referido *supra*, todavia, de uma forma geral, parcela da doutrina brasileira entende (e algumas decisões judiciais começaram a ser proferidas neste sentido) consistir a CFEM num *preço público* regido pelo direito civil e pelo regime administrativo exorbitante do direito privado. Isto porque um estudo conceitual sobre os tributos e os fatos tributáveis conduziria à conclusão de que estaríamos diante de tributo sobre o patrimônio, caso se entendesse que o governo teria um percentual sobre os bens do explorador do minério (uma vez que já destacado este do subsolo, na jazida) e não que o explorador seja aquele que aufere algo *in natura*, extraído do subsolo, mas que até então se incluía entre os bens da União (isto com o dualismo absoluto da propriedade que impôs o Constituinte de 1988).

53 Merece atenção tal modo de argumentar. Seria realmente problemático encontrar espaço, na Constituição, para um novo tributo sobre o patrimônio, ao lado do IPTU, do ITR, do IPVA. Ocorre, porém, que usar tal receio como argumento, faz com que este prove demais. Um tributo, a partir de um estrito ponto de vista econômico, pode percutir, em aparência, uma dada materialidade tomada como riqueza, sem que necessariamente se configure como tributo sobre tal materialidade — no caso, o patrimônio.

54 Tudo irá depender da qualificação jurídica que se dê ao objeto da tributação. No caso de uma CFEM assumida como imposto, o foco da incidência jurídica nada teria a ver com tributação sobre o patrimônio, cuidando-se antes de imposição tributária sobre a venda do produto mineral obtido após extração e beneficiamento.

---

6 HEGENBERG. *Saber De e Saber Que*: alicerces da racionalidade, p. 80.

55 Nenhuma é a pertinência da suposição segundo a qual se estivesse em presença de uma tributação sobre patrimônio, isto é, a percutir diretamente a propriedade do patrimônio minerário obtido mediante privatização *ope Constitutionis*, a CFEM, nessa hipótese, nada mais nada menos seria que um pontual *imposto* sobre vendas, pois iniludivelmente exsurge tal característica do só fato de que a base do seu cálculo é o faturamento líquido obtido pelo minerador.

56 Aliás, dada a aparente similitude existente entre preço público e taxa, cabe, ainda que em tese, inquirir do porquê de não se estar cogitando da presença de uma taxa, que por natureza é o tributo que mais se aproxima do preço. Em linha de princípio, também a opção pela atribuição de natureza de taxa ao gravame parece estar em aberto, ao lado da suposição de se ter em presença um preço público.

57 Preço público e taxa podem ser considerados como tipos de exação gêmeos (o *preço* regido pelo direito administrativo e a *taxa* pelo tributário, seu filho mais ilustre), ostentando diferenças mínimas, mas a taxa, mesmo qualificando-se como um dos tributos existentes, se for desviada de qualquer polêmica em termos de inconstitucionalidade, pode ter alguma chance de convencer. Isto seria vantajoso, porque, ao ser assumida como taxa, à CFEM passariam a ser automática e a ela plenamente aplicados: (i) o princípio da legalidade tributária e outros relevantes princípios constitucionais tributários; (ii) as garantias e normas legais que regem o procedimento administrativo de lançamento tributário, estabelecidas no Código Tributário Nacional; (iii) as normas federais vigentes que regulam o contencioso administrativo tributário, bem como as respectivas jurisdições e competências funcionais; (iv) as rígidas regras sobre prescrição e decadência previstas no referido Código; (v) a específica legislação federal reguladora da inscrição da dívida ativa tributária federal, de competência da Procuradoria da Fazenda Nacional, assim como o é a subsequente condução da respectiva execução judicial segundo as especificidades da matéria tributária; etc.

58 Na realidade, é interessante indicar, neste ponto, que aquelas parcelas de CFEM atribuídas por lei, com autorização constitucional, a órgãos da própria União, não conseguem ocultar a presença de um bem marcado indício da imposição de uma taxa: no caso, exatamente, *taxa pelo regular exercício do poder de polícia*. E isto poderia ser assumido sem nenhum escândalo, já que é perfeitamente possível afastar-se o espectro de qualquer espécie de vedação ou restrição constitucional neste âmbito, podendo e devendo a União controlar — como efetiva e visivelmente o faz, mediante vários mecanismos de monitoramento administrativo disponibilizados em todo o território nacional — as ações e omissões dos sujeitos passivos da CFEM.

59 Em relação aos Estados, Municípios e Distrito Federal, é claríssimo que receberam da Constituição apenas o direito de ter parte da receita e nunca a capacidade de arrecadar suas respectivas quotas-partes de CFEM, pois esta é uma exação federal e somente pode ser regulamentada pelo Congresso Nacional e executada pela União. Na realidade as frações da federação recebem tais ingressos já com a qualidade de *receita transferida*, de modo nenhum subsumível ao conceito de *receita derivada*, já que *in casu* o direito de arrecadar não é corolário do poder estatal de impor a exação, decorrendo, isto sim, de um diferenciado esquema de arrecadação alvitrado pelo legislador federal.

60 A seguir melhor se examinará a razão de ser da configuração de tais quinhões (quotas-partes de CFEM) como receita que, ao ingressar nos cofres das unidades federadas, tem por causa jurídica, pura e simplesmente, uma indireta transferência de recursos financeiros.

61 Para esclarecer bem a possibilidade de se optar pela figura da *taxa pelo regular exercício do poder de polícia*, embora abstendo-nos de alargar o espaço aberto apenas para sucinto registro de uma ressalva, bastará trazer a lume o que diz a doutrina acerca dessa espécie tributária.

62 Interessante é ouvir Geraldo Ataliba, que versou sobre o tema com profundidade em conhecida monografia. Para ele:

> [...] o fundamento das taxas de polícia está nas atividades que o poder público deve desempenhar como condição e preparo dos seus atos de polícia. Assim, a emissão de um juízo expressivo de poder de polícia é sempre precedida de diligências e atividades preparatórias. O ato de polícia (dar ou negar licença, dar ou negar autorização, dar ou negar permissão etc.) é a culminância de um procedimento que supõe necessariamente diligências para instrução e informação, condicionadores do ato culminante e final. Justificam a taxa pois estas diligências e não o ato em si (mero despacho que se pode reduzir a um carimbo e assinatura: defiro, indefiro, concedo, autorizo etc.).[7]

63 Uma taxa que, por exemplo, implique custosas diligências preparatórias de cada ato, ou do conjunto procedimental no qual o ato se insere, pode eventualmente vir a apresentar expressão econômica até mesmo maior do que a de um imposto. A base imponível das taxas pelo regular exercício do poder de polícia situa-se no vulto, no porte das diligências, inclusive pelo aspecto de custo econômico que estas apresentem em termos de infraestrutura administrativa, de pessoal especializado na fiscalização, ou noutros, como a manutenção de plantonistas para orientação da aplicabilidade da própria taxa, ou para monitoramento de certos contribuintes,

---

[7] ATALIBA, Geraldo. *Estudos e pareceres de direito tributário*. São Paulo: Revista dos Tribunais, 1980. v. 3, p. 484.

sendo certo que quaisquer desses custos hão de ser ingredientes, como medida de grandeza, do estabelecimento da base de cálculo.

64 No caso da CFEM, certamente terão sido levados em consideração todos os fatos e diligências que condicionam a concessão da lavra aos mineradores, tais como a fiscalização que daí em diante passou a monitorar a área da mina, a avaliação dos riscos de degradação ambiental nas cercanias da lavra e outras diligências que não sejam cobertas por imposto federal.

65 Nenhum óbice parece, portanto, existir para que o intérprete considere, como receita derivada, esta que se quantifica nas quotas-partes de CFEM, as quais a União, por intermédio de órgãos de sua administração direta, vê entrar em seus cofres, a título de compensação financeira (aliás, é de se observar que, no estudo jurídico-financeiro das taxas em geral, é bastante comum e apropriado o uso dessa expressão, "compensação financeira", como um sinônimo para o termo "contraprestação").

66 Curiosamente, acaba afigurando-se mais transparente e autoexplicativo o conceito *compensação financeira* usado para indicar a contraprestacionalidade das taxas, do que o é para compor o nome da CFEM, entidade em relação à qual ainda não se definiu, pacificamente, que contrapartida tem, isto é, de que prestação ela vem a ser a contraprestação. Em suma: se nasce como compensação financeira, ela compensaria financeiramente o quê?

67 Deveras, melhor será que não se intimide o intérprete diante da novidade de ter-se visto a União constitucionalmente obrigada a instituir uma taxa pelo regular exercício do poder de polícia tanto em seu próprio benefício como no das unidades federadas.

68 O legislador talvez tenha subestimado o risco de surgirem sutilezas de monta, jurídicas e/ou contábeis, na implantação do seguinte esquema de atalho, que assim se caracterizou: (i) as unidades federadas, que não detêm a titularidade jurídica para cobrar a CFEM, e por isso não podem exigir-lhe o pagamento nem a contribuintes remissos ou insolventes, em vez disso se limitam a auferir parte daquilo que a União arrecada dos mineradores contribuintes; bem como (ii) em verdade, tal pagamento produz um tríplice efeito jurídico liberatório: (ii-a) solve um dever tributário acessório instituído na lei federal, consistente no repasse parcial do *quanto* da CFEM (exação federal) a uma determinada unidade federada; (ii-b) dá causa a um ingresso, no cofre da Unidade Federada, de uma receita contabilizável como receita transferida (que jamais poderia ser, em condições tais, uma receita derivada), liberando-se da própria obrigação tributária principal em que a União figura como sujeito ativo e ele, o minerador, como sujeito passivo; e (ii-c) extingue uma relação creditória de natureza financeira existente entre a União e uma determinada pessoa política federada, zerando todas as pendências jurídicas instauradas no exato momento da incidência da CFEM.

69 Evidentemente, para que esses efeitos jurídicos liberatórios sejam plenos, é necessário que o minerador tenha efetivado corretamente o autolançamento tributário, o cálculo de eventuais multas, juros e correção monetária: caso contrário, o pagamento será considerado apenas parcialmente bom, devendo o sujeito passivo reportar-se às autoridades *federais* competentes para assegurar-se do que lhe falta prestar.

70 E pode ser que também o desiderato tenha sido o de afastar os mineradores da errônea suposição que pudessem manter uma relação jurídico-tributária com Estados, Distrito Federal e Municípios capaz de os submeter a poderes de fiscalização outros que não o da União. Alguns Estados chegaram a levar ao Judiciário a tese da existência de tal poder, mas a pretensão não foi acolhida.

71 Tal repasse de verbas públicas a que dá causa o sujeito passivo da CFEM (i) entra nos respectivos erários das unidades federadas, como já apontamos; e (ii) tem natureza próxima à das transferências chamadas subvenções, com apenas um pormenor a ressalvar, qual seja o de que a União não estaria no âmbito normalmente amplo de uma liberdade de subvencionar, assim como também os que têm direito ao seu recebimento, não detêm, em relação a ela, o direito de renúncia. Tratar-se-á, portanto, de subvenção heterônoma, por força de implícita injunção constitucional, com destinatários certos, aos quais sequer é dada a possibilidade de deixar de aceitar: isto porque pertence à unidade federada aquilo que a Constituição incumbiu a União de lhe fazer chegar às mãos.

VI

UM ÂNGULO CONSTITUCIONAL NOVO E A IMPRESCINDÍVEL SUPERAÇÃO DA ANTINOMIA QUE SUPOSTAMENTE GERA

72 Quais seriam as consequências do uso, pelo art. 20, §1º, da Constituição, da dicção "é assegurada", para referir-se a uma nova espécie de captação estatal de fração de riqueza dos contribuintes? Certamente o constituinte quis significar a declaração de uma garantia constitucional.

73 Não se trata, absolutamente, da mera fixação da competência para a imposição de um gravame novo, em face da qual a pessoa política recipiente da autorização teria a faculdade de optar entre o dar e não dar vida à nova criatura. Ao que parece, no caso da CFEM a União está absolutamente adstrita a implementar a tarefa que lhe foi outorgada, uma vez que a redação da norma é claríssima: a Constituição assegura a existência e a efetividade da percepção de cada um daqueles quinhões que prefigura, seja a título de participação no resultado da exploração da riqueza do subsolo, seja na forma de compensação financeira por essa mesma riqueza alimentada. Num e noutro caso com o evidente fito de contrabalançar os danosos efeitos que tal exploração causa às populações e ao meio ambiente nos locais em ela se desenvolve. É pressuposto lógico da norma que os valores da CFEM revertam para o saneamento de tais externalidades negativas advindas da exploração mineral.

74 Não teria sido admissível que a União deixasse de exercer a competência, sob pena de grave omissão e complicadas consequências no plano constitucional. Necessário recordar aqui dois exemplos de não exercício da competência tributária outorgada, para que se possa entrever o alcance da questão.

75 Por um deles vem à lembrança de um certo período em que vários estados, vigente ainda o hoje extinto Imposto sobre Vendas e Consignações, abstiveram-se de exercer uma outra competência impositiva, que àquela primeira se emparelhava propiciando-lhes a possibilidade de instituir o chamado Imposto sobre Transações, exação aliás que bem lhes permitiria aumentar significativamente os respectivos volumes de receita derivada.

76 No outro exemplo, bem mais recente, dezenas e mais dezenas de municípios não fizeram senão procrastinar, por anos a fio, o exercício da competência constitucionalmente recebida para que cobrassem o Imposto sobre Serviços de Qualquer Natureza. Tais abstenções são raras, é verdade, até porque não só menoscabam eticamente a Constituição como fere de morte o bom senso. Mas não são ilícitas (ainda que o exercício de uma competência tributária impositiva seja irrenunciável).

77 Pois bem, mas como se terá conformado, no caso da CFEM, o peso da previsão constitucional? Ao empregar o verbo assegurar, evidentemente, tinha em mira não apenas garantir a célere instituição do gravame, mas também, do mesmo passo, garantir a celeridade da entrega dos respectivos quinhões a que fizesse jus cada um dos destinatários.

78 Mas, neste ponto, há de se indagar sobre quais seriam as específicas consequências jurídicas dessa inovação constitucional.

79 Trata-se do seguinte. No seu art. 145, inciso II, a Constituição, seguindo nisso uma longa tradição doutrinária e mantendo-se na linha das Cartas precedentes, prevê a possibilidade de dois tipos de taxa: (i) a taxa em razão do exercício do poder de polícia e (ii) a taxa pela utilização, efetiva ou potencial, de serviço públicos específicos e divisíveis, prestados ao contribuinte ou postos à sua disposição.

80 Ora, pode ser entrevista aí, com certeza, na condensada fórmula normativa em que se traduz o art. 20, §1º, nada menos que a constitucionalização de um terceiro e novo tipo de taxa, que se pode chamar, exatamente, "compensação financeira pela exploração de minério", a qual, por força da equiponderância que a Lei Maior fez entre *participação nos resultados da lavra* e *compensação financeira*, é capaz de reunir, em amálgama, esses dois finalismos. Esse novo modelo de taxa instituído implicitamente pela Constituição — assim acreditamos — não virá a ser increpado como *norma constitucional inconstitucional* por contrariar a vedação estampada no art. 145, §2º, da Constituição. A nosso ver, não seria essa a direção do constitucionalismo pátrio, uma vez que a vedação de taxas com base de cálculo e fato gerador próprios de impostos vincula a todos os entes federados mas não impede a própria Constituição de "prefigurar" um novo modelo de taxa, pontual, sem aquelas restrições, pois não existe hierarquia entre normas que extraiam sua validade de um núcleo comum.[8]

81 Assim sendo, parece-nos tenha a Lei Maior criado um novo tipo de taxa (permitindo se tome por base de cálculo o *faturamento líquido da atividade minerária em concreto*, já que esse tipo de base de cálculo é usado em muitos impostos (ICMS, IPI, e várias contribuições sociais etc. etc. pelo fato de permitir adequadamente a graduação que se pretenda estabelecer

---

[8] Cf. VERNENGO, Roberto José. *Curso de teoría general del derecho*. 2. ed. 4. reimpr. Buenos Aires: Depalma, 1995.

entre a exação e sua base, no caso, permitindo a conciliação entre os finalismos que se emparelham, formando um finalismo binário: *"participação no resultado da exploração"* que servirá de *"compensação"* em face daqueles apontados detrimentos causados pela dita *"exploração"*.

82 Teria faltado ao constituinte a consciência de que estava criando outro tipo de taxa, capaz de incidir sobre base de cálculo adequada a impostos? Talvez sim, talvez não. A ele não lhe cabe primar por uma consciência de viés teórico e de índole classificatória. Mas é muito provável que, ao menos, tenha delibado a aparente antinomia, e que, exatamente por isso, conferiu à projetada figura um *quantum* maior de eficácia, orçando já em nível de uma garantia "assegurada" aos destinatários da "compensatória participação".

83 Tampouco se inquina de inconstitucional a norma inserida num mesmo corpo originário de regras, pelo que, mesmo que se entendesse a CFEM como uma taxa, a ela não se aplicaria, como dito, o barramento imposto pelo art. 145, §2º, da CF (As taxas não poderão ter base de cálculo própria de impostos). A figura de uma novel *taxa compensatória* salvaria a constitucionalidade do debate, e ultrapassaria a dicotomia *taxa de serviço* vs. *taxa de polícia* (tal qual tratada no art. 77 do CTN e no próprio art. 145, II, da Carta).

84 Poderá, é claro, ser dito que, no nosso país somente agora teriam surgido situações desse tipo, quanto aos minérios e quanto aos potenciais hidráulicos. É verdade. Mas especificamente no caso da CFEM, há um aspecto de que, em verdade, engenhoso o constituinte montou um bem entrosado esquema. Vejamos.

85 O que mais impressiona nesse conjunto de técnicas é que lançou mão o constituinte, mais uma vez, de uma garantia outra, desta vez fazendo-o por meio do próprio termo que a significa: "garantida ao concessionário a propriedade do produto da lavra" (art. 176, *caput*, *in fine*).

86 Mas que sorte de propriedade é essa que de modo tão firme resta garantida ao concessionário da lavra? Do ponto de vista do direito de propriedade, abstração feita do porte econômico que possa o produto da lavra assumir, trata-se de simples direito real que se transmite, aliás, um direito real caracterizado, segundo o *id quod plerumque accidit*, pela indisfarçável nota da efemeridade. É direito de propriedade efêmero, marcado pela transitoriedade, direito passageiro. Por que razão terá sido "garantida ao concessionário a propriedade do produto da lavra"?

87 Ora, resta evidente que o constituinte queria recolocar, na circulação econômica, de modo dinâmico, aquela riqueza que a União possuísse, mas não tivesse condições materiais para desvelar. A riqueza, ainda que passageira, em mãos de quem quer que pertença à comunidade, é sempre o foco dos governantes, para a sustentação do Estado por meio de tributos.

88 Sim, resta evidente que o constituinte de 1988 antevia, no texto que elaborou, as condições adequadas para uma tributação que, ainda quando módica, precisaria de um elemento quantificador de fácil manuseio. Isto é, anteviu ele que aquele trespasse da propriedade do minério ao concessionário, seria o caminho não para um imposto, mas sim para um novo tipo de taxa capaz de se mensurar com a exploração de minério, ainda que modicamente, através da focalização do fenômeno venda (o faturamento líquido) como base para o respectivo cálculo.

89 Pois bem; toda essa conjunção de medidas para a adequada tutela dos interesses nacionais — no caso, interesse dos fiscos e dos contribuintes — bem nos demonstra que o esquema adotado pelo legislador para instituir a CFEM já estava fortemente prefigurado pelas mãos do próprio Poder Constituinte. Praticamente a Constituição já contém o esboço do tipo de tributação que iria instrumentalizar a futura "participação/compensação".

90 A despeito de ser possível, em tese, falar-se também de preço público, a consideração da CFEM como tal faz menos sentido, neste ponto, uma vez que tal ideia, por força da Constituição, implica uma necessária compensação, quando estados e municípios sequer se pronunciaram sobre o montante necessário para uma compensação efetiva. E a União jamais estaria titulada a falar das necessidades administrativas das demais unidades da federação, surgidas em função da imperiosa preservação do meio ambiente em todo o entorno das minas.

91 A União pode, sim, mas dentro da lógica da razoabilidade é evidente que não deve fazê-lo. A figura do preço, a nosso ver, faria com que coubessem os 100% do valor do gravame inicialmente à União, a esse título (preço), e que a seguir fosse distribuído, aos demais, como outra coisa, e não mais como preço (quem sabe como "subvenção"), cota por cota, quinhão por quinhão.

92 Portanto, explicada como sendo uma modalidade especial de taxa prefigurada adredemente na Constituição como tal (eis que concilia os atributos de *"participação no resultado da exploração"* e de *"compensação por encargos de manutenção do ecossistema no entorno das minas"*), a CFEM muito bem se encaixa na conceituação de tributo feita pelo art. 3º do Código Tributário Nacional, bem como, pelo fato de englobar aquelas duas funções expressamente determinadas na Constituição, ultrapassa a exigência estampada no art. 145, §2º, desta, para funcionar, nos três níveis de governos beneficiados, como uma adequada compensação pelos referidos encargos.

93 Pode continuar com o nome de *Compensação*, que bem se lhe assenta, sendo certo que as três últimas letras da sigla, a não indicarem que a taxa minimiza os efeitos da *Exploração de Minérios*, bem poderiam ser referíveis à onerosidade que o gravame pretende compensar: *Encargos Mesológicos*. Perfeita, a sigla: **CFEM**.

VII

SOB O SIGNO DO PREÇO PÚBLICO
NATUREZA JURÍDICA ACOLHIDA PELA JURISPRUDÊNCIA MAJORITÁRIA

94 Para uma análise da CFEM vestida com a natureza de preço público, convirá desde logo recordar que os potenciais minerários têm sua exploração submetida ao princípio da prioridade ou da precedência, e não há regra geral de licitação ou concorrência para escolha daquele que tem o direito de os explorar. Tal quadro poderá modificar-se com o novo marco regulatório do setor, colocando-se em licitação grandes potenciais — à moda do que ocorre em concessões de potenciais hidroelétricos —, preservando-se as concessões do passado, anteriores a 1988, cuja exploração esteja em curso (e o manifesto de lavra regularmente expedido sem a contraface do recolhimento da CFEM ou outras imposições).

95 O mesmo não ocorre com os potenciais petrolíferos, por exemplo, submetidos em regra a certame para a sua concessão, com pagamentos em dinheiro pelo preço pela outorga ou em regime de óleo-lucro (quando falamos do novo marco regulatório do pré-sal). Dizemos isso apenas para demonstrar que não faria sentido entender que o óleo-lucro ou sua conversão em pecúnia representam imposto ou contribuição de intervenção no domínio econômico, pois nada mais representam do que o preço pela outorga daquilo que é da União.[9]

96 Isto não significa tampouco que o "lançamento" ou "accertamento" dos valores devidos a título de CFEM possa vir impregnado de arbitrariedades, até porque estas nunca sanam, eis que não se compadecem com o sistema jurídico vigente. A ideia de proporcionalidade (que, *e.g.*, induz genericamente à ideia de contraprestacionalidade, e concretamente impõe a vedação ao confisco e ao excesso de exação) é ínsita *tanto* às exações de natureza tributária *quanto* a quaisquer cobranças de ordem administrativa.

---

[9] Neste sentido, cf. TORRES, Ricardo Lobo. *Curso de direito financeiro e tributário*. 18. ed. Rio de Janeiro: Renovar, 2011. p. 191-193.

97 Um fenômeno paralelo que precisa ser lembrado são as cobranças de preços decorrentes da utilização de espaço público pela passagem de cabos nos munícipios. Os tribunais em vários pontos do País concluíram que tais preços, muitas vezes criados sob o *nomen juris* de "taxa", configuram a natureza de preços públicos e, mesmo assim, jamais podem ser exorbitantes ou desproporcionais. Ou seja, a confusão entre taxas e preços públicos não é apenas dos economistas, mas assim também do legislador.

98 Diz a doutrina italiana:

> Era quindi diffusa la tendenza, soprattuto fra gli economisti, a confondere (o meglio a non distinguere, per mancanza di interesse) tasse e prezzi pubblici, concepindo unitariamente, in ragione dell'identità degli effetti sul piano dell'economia finaziaria, tutti i prelievi effetuati a fronte di prestazioni pubbliche per servizi divisibili; in sostanza i prezzi pubblici erano concepiti come prezzi per bene offerti dall'economia pubblica, diretamente o mediante concessioni pubbliche ad imprese operanti sul mercato.[10]

99 A verdade é que o debate sobre a natureza jurídica da CFEM arrefeceu após a decisão do STF (sem o olvido do que disse o Ministro Teori Zavascki no REsp nº 756.530,[11] sendo certo que tal jurista seguirá refletindo sobre o tema agora na mais alta Corte), após a qual o DNPM passou a entender que a CFEM seria receita originária da União desprovida de natureza tributária:

> Bens da União: (recursos minerais e potenciais hídricos de energia elétrica): participação dos entes federados no produto ou compensação financeira por sua exploração (CF, art. 20, e §1º): natureza jurídica: constitucionalidade da legislação de regência (L. 7.990/89, arts. 1º e 6º e L. 8.001/90). 1. O tratar-se de prestação pecuniária compulsória instituída por lei não faz necessariamente um tributo da participação nos resultados ou da compensação financeira previstas no art. 20, §1º, CF, que configuram receita patrimonial. 2. A obrigação instituída na L. 7.990/89, sob o título de "compensação financeira pela exploração de recursos minerais" (CFEM) não corresponde ao modelo constitucional respectivo, que não comportaria, como tal, a sua incidência sobre o faturamento da empresa; não obstante, é constitucional, por amoldar-se à alternativa de "participação no produto da exploração" dos aludidos recursos minerais, igualmente prevista no art. 20, §1º, da Constituição.[12]

100 É bom destacar, para aqueles que pensam que o STF já teria posto pá-de-cal sobre o assunto, que o pronunciamento acima não é do Plenário, além do que de acordo com a literalidade da ementa não se divisa assunção explícita, por parte do julgador, da natureza de preço público. Nesta

---

[10] DEL FEDERICO, Lorenzo. *Tasse, tributi paracommutativi e prezzi pubblici*. Torino: Giappichelli, 2000. p. 81.
[11] STJ. REsp nº 756.530/DF. 1ª Turma. Rel. Min. Teori Albino Zavascki. Julg. 12.06.2007. *DJ*, 21 jun. 2007.
[12] STF. REsp nº 228.800/DF. 1ª Turma. Rel. Min. Sepúlveda Pertence. Julg. 25.09.2001. *DJ*, 16 nov. 2001.

compreensão da CFEM acima, entretanto, aos apressados poderá parecer que o minerador está diante de imposição regida pelo direito civil nos aspectos de gestão do patrimônio público, com certa margem de liberdade para a estruturação da díade sujeição ativa *versus* sujeição passiva. Daí é que exsurge a compreensão de que não poderia haver tributo ou atividade plenamente exacional do fisco quando a tipicidade não seja cerrada.

101 Ou seja, o *nullum vectigal sine praevia lege* não seria tão estrito em matéria de CFEM, pois a tipicidade administrativa é aberta se comparada à tributária. Daí a tentativa de muitos intérpretes no sentido de colocar a CFEM num *Leito de Procusto* ao cortar-lhe a porção exagerada, submetendo-a aos mecanismos do direito tributário e nela identificando certos aspectos da materialidade tributária. Fato é que não se necessita impingir ao preço público uma natureza tributária para fins de se averiguar o excesso de exação.

102 Isto porque a voz *vectigal*, em latim, não referia apenas aos tributos. Marco Tulio Cícero usava a expressão no sentido de preço de locação (como em *vectigales equi*, para "cavalos de aluguel"). Ou seja, o mais aprumado e correto é defender que também as exações administrativas, mesmo aquelas com natureza de cobrança civil, tenham acertamento afinado com as regras do direito público atinente a sanções ou imposições. No sentido de preços definidos pelo Poder Público.

103 E a ambiguidade vai da semântica ao direito, pois à CFEM se quer dar a mesma *impostação* do vetusto Imposto Único sobre Minerais (IUM), regido pela Lei Federal nº 4.425/64 (cf. art. 15, inc. III, da CF/46, e posteriormente art. 22, inc. X, da CF/67). A impostação aqui é vocabular e mecânica, pois o regime pós-88 simplesmente extinguiu o IUM. Dizemos "impostação", pois o DNPM não consegue bemolizar a CFEM *vis-à-vis* dos mineradores por praticar escalas ultrassônicas remanescentes dos tempos do IUM. E assim tais velhas práticas tutoram a interpretação e a aplicação do texto constitucional de 1988, divorciando-se dos rumos a partir de então tomados pela realidade brasileira.

104 No regime atual da CFEM — verdadeiro tributo compulsoriamente cobrado de todo explorador mineral — o DNPM foi instruído a atribuir natureza de preço público pago à União, como contrapartida pelo benefício de poder utilizar de modo privado os recursos minerais públicos extraídos. Conforme leciona Ricardo Lobo Torres:

> O conceito de preço público, embora muito complexo, pode ser sintetizado como a prestação pecuniária, que, não sendo dever fundamental nem se vinculando às liberdade fundamentais, é exigida sob a diretiva do princípio constitucional do benefício.[13]

---

[13] TORRES, Ricardo Lobo. *Curso de direito financeiro e tributário*. 12. ed. Rio de Janeiro: Renovar, 2005. p. 188-189.

105 Vale dizer, a CFEM vista como *preço público* tem caráter compensatório retributivo e não exacional típico, mas isto não lhe retira a necessidade de se subsumir aos preceitos gerais aplicáveis a quaisquer cobranças estatais (base de cálculo e alíquota, ou contraprestacionalidade e proporcionalidade à moda do que ocorre nas taxas e nas tarifas em geral). A antiga ideia de Jèze sobre os aspectos da materialidade fiscal (qualitativo, quantitativo, temporal, espacial, material) valem para todos os gravames estatais.

106 Por esta razão os franceses falam, *in genere*, em *assiette fiscale*, para referir algo mais largo do que o simples conceito contábil de base de cálculo. Nas palavras de Louis Trotabas: "C'est donc à une présentation générale de l'assiette qu'il faut ici s'attacher, et non à l'établissement particulier de la créance d'impôt".[14]

107 O que precisa ficar claro é que, ainda que não se considere tributária a natureza da CFEM, ainda assim, não se pode aceitar a conversão, em arbitrariedade, de simples margem de discricionariedade na fixação da base de cálculo. Em direito público, o que vale é o interesse público primário inserido nas leis, e não o interesse público secundário — incutido nos decretos e portarias —, que traduz a mera vontade do administrador temporal (do príncipe de plantão), conforme as lições de Renato Alessi na Itália e Celso Antônio Bandeira de Mello em solo brasileiro.

108 Ou seja, se existe algum arbítrio do administrador na fixação de aspecto quantitativos da compensação, este é um arbítrio *condicionado* e não *livre*.

> En este sentido restringido el arbitrio libre se opondría al arbitrio "condicionado". Entre el arbitrio libre y el condicionado suele establecerse unas veces, una diferencia absoluta o cualitativa, otras, una diferencia relativa o cuantitativa. La diferencia cualitativa suele verse en que, cuando el arbitrio es condicionado, el juez o el funcionario administrativo, sin atenerse a lo que él mismo considera como adecuado o equitativo, etc., está obligado a ejecutar aquello que, según su leal saber y entender, cree que hubiera ordenado el legislador de haber regulado el caso concreto con una ley individual y no con una norma abstracta; en semejante caso, la decisión se halla siempre determinada, teóricamente, de una manera unívoca.[15]

---

[14] TROTABAS, Louis; COTTERET, Jean-Marie. *Droit fiscal*. 8ᵉ éd. Paris: Dalloz, 1997. p. 16, §16.
[15] MERKL, Adolfo. *Teoría general del derecho administrativo*. Granada: Editorial Comares, 2004. p. 197.

VIII

RESQUÍCIOS DO IUM NA MECÂNICA ATUAL DE COBRANÇA DA CFEM

109 A partir de tudo o que foi acima afirmado, constata-se que doutrina e jurisprudência se desdobram para desvendar a natureza jurídica da compensação, conferindo-lhe ora perfil tributário, ora roupagem de natureza indenizatória civil, sem que consigam separar com eficiência as consequências que adviriam dessa quase obsessiva tendência a classificar genericamente a CFEM, ou como tributo, ou como simples receita da União decorrente de preço público (quando se demonstrou acima que nada impediria que fosse a CFEM enquadrável como taxa).

110 Uma explicação plausível para tamanha confusão e impropriedade técnica no trato da CFEM pode dever-se ao fato de ser ela herdeira do Imposto Único sobre Minerais (IUM). A substituição do IUM pela CFEM não aniquila o conteúdo, direto ou *obiter dictum*, da jurisprudência produzida com vistas a apartar a possibilidade de exações sucessivas pelo IUM e pelo ICMS. Todavia, é valida uma revisão da *ratio essendi* de tais decisões e o correto enquadramento atual do que será a *ratio decidendi* no novo regime constitucional.

111 Vejamos três acórdãos ilustrativos do STF produzidos no regime constitucional anterior:

> 1. Constituição de 1967 com a Emenda n. 1 de 1969, art. 21, IX. Imposto Único sobre Minerais do País. Incide nas operações que antecedem a industrialização, devendo, para isso, distinguir-se o mineral que se acha "in natura", do produto que se obtém com o seu beneficiamento. Incide neste o ICM. 2. Mármore e granito. Estão sujeitos ao Imposto Único quando em estado natural, e ao ICM quando cortados, beneficiados e polidos para utilização em pisos, escadas, paredes, cantoneiras, pias, etc. 3. Precedentes do STF. 4. Recurso Extraordinário do Estado de São Paulo provido.[16]

---

[16] STF. RE nº 76.721/SP. 1ª Turma. Rel. Min. Antonio Neder. Julg. 04.10.1977. *RTJ*, v. 83-02, p. 398.

I.C.M. e Imposto Único sobre Minerais. Telhas e tijolos. Não viola a Constituição de 1969 nem nega vigência a direito aplicável ao caso atualmente, o acórdão que sujeitou ao ICM telhas e tijolos como produtos finais industrializados, embora resultantes do emprego de minerais sujeitos ao imposto único respectivo na fase extração e tratamento. Jurisprudência recente no Supremo Tribunal Federal nesse sentido (Precedentes: RE 74.617, 74.361, 75.806 e 74.110).[17]

1. É de se distinguir o mineral em estado bruto, "in natura", do produto que se obtém com a sua industrialização. O imposto único sobre minerais incide no primeiro, e óbvio, mas não no segundo. Incidindo neste o IPI, incide no mesmo o ICM. Decidindo por este modo, o acórdão local não contrariou o artigo 22, X, da CF de 1967, texto anterior ao da Emenda n. 1. 2. Divergência jurisprudencial não demonstrada. 3. Recurso Extraordinário não conhecido.[18]

112 Percebe-se que CFEM e IUM estão constitucionalmente pensados como sendo exações monofásicas, e o que mais se discute — e sempre se discutiu — é sua absorção ou cumulação com ICM(S) e IPI, que são multifásicos. O que deve ser verificado é se, no novo regime, a ideia de "compensação", em substituição a gravame por imposto, induz a que todos os valores e custos na extração sejam automaticamente computados no cálculo da CFEM.

113 Dito de outro modo: se a CFEM é a compensação para um bem público transmudar-se em algo privado, aproveitável economicamente, precisamos saber se todos os custos — até o momento do aproveitamento possível — são dedutíveis da base de cálculo. É necessário encontrar o conceito constitucional de CFEM, e a partir da vontade da Constituição definir critérios para a fiscalização da constitucionalidade das normas infraconstitucionais.

114 Tudo, partindo-se do pressuposto de que, ainda que as normas legais não *desejem* autonomamente, elas já trazem dentro de si mesmas uma representação mental de ideia pré-concebida (*Norm: nicht Wille, sondern Vorstellung*).[19] Portanto, não será juridicamente aceitável que se leia a lei no sentido de perverter os fatos e pressuposta competência que lhe deram arrimo original, pois "toda atribuição de competência é simultaneamente uma autorização e uma limitação".[20]

---

[17] STF. RE nº 76.056/PR. 1ª Turma. Rel. Min. Aliomar Baleeiro. Julg. 17.08.1973. *DJ*, 26 out. 1973.
[18] STF. RE nº 70.028/ES, 2ª Turma. Rel. Min. Antonio Neder. Julg. 05.06.1972. *DJ*, 1º set. 1972.
[19] Cf. MÜLLER, Friedrich. *Syntagma*: verfasstes Recht, verfasste Gesellschaft, verfasste Sprache im Horizont von Zeit. Berlin: Duncker & Humblot, 2012. p. 187, item 21.
[20] Cf. FORSTHOFF, Ernst. *Lehrbuch des Verwaltungsrechts*. 3. Aufl. München: Beck, 1953. Bd. 1 - Allgemeiner Teil, p. 347 *apud* BORGES, José Souto Maior. Prefácio. *In*: ÁVILA, Humberto. *Sistema constitucional tributário*. 5. ed. São Paulo: Saraiva, 2012. p. 53.

115 Claro que:

[O] texto da norma não "contém" a normatividade e a sua estrutura material concreta. Ele dirige e limita as possibilidades legítimas e legais da concretização materialmente determinada do direito no âmbito do seu quadro. Conceitos jurídicos com textos de normas não possuem "significado", enunciados não possuem "sentido" segundo a concepção de um dado orientador acabado [...]. Muito pelo contrário, o olhar se dirige ao trabalho concretizador ativo do "destinatário" com isso à distribuição funcional dos papéis que, graças à ordem [...] jurídico-positiva do ordenamento jurídico e constitucional, foi instituída para a tarefa da concretização da constituição e do direito.[21]

E aqui o ponto mais difícil para os profissionais do DNPM: encontrar o meio termo entre Müller e Forsthoff, para cumprir sua competência sem nela injetar excesso de poder ou de atribuições.

116 Ocorre que a Constituição da República não traz textualmente o *conceito constitucional de compensação*, e justamente por isso abre flanco seja para discussões infinitas sobre natureza jurídica, seja para abstrusa possibilidade de regulamentações pautadas em vontades pessoais ou flutuações políticas. Abre-se espaço para a criação imaginária de quem decide cada caso concreto na condição de autoridade pública.

117 O conceito jurídico de compensação vem do direito privado e das normas de direito financeiro. A Lei Federal nº 4.320/64, por exemplo, trata das entradas compensatórias e das contas de compensação. Assim também a LRF fala em medidas de compensação e compensação financeira e mesmo o Código Civil de 2002 tem um capítulo geral sobre compensação que serve sim de base para a teoria geral do direito. Em todas as leis e normas sobre o tema, a ideia de compensação representa o rebate entre ativos e passivos, pois o termo "compensar" não faz sentido, se não for para significar a exclusão de créditos ou débitos, que frente a frente colocados mutuamente se extingam.

118 Em comento ao §1º do art. 20 da CF, José Afonso da Silva afirma que "o pressuposto é que a exploração tenha tido resultado positivo; mais do que isso, pois, embora o texto não diga, a participação só cabe no resultado líquido, pois uma exploração no nível dos custos e despesas não tem resultado".[22]

119 É justamente por esta razão que no novo marco regulatório do setor de mineração começa um debate sobre "preço de referência" e "produto mineral padrão". O problema é que mesmo uma referência de preço

---

[21] MÜLLER, Friedrich. *Métodos de trabalho do direito constitucional*. Tradução de Peter Naumann. Porto Alegre: Síntese, 1999. p. 47.

[22] SILVA, José Afonso da. *Comentário contextual à Constituição*. São Paulo: Malheiros, 2005. p. 259.

basilar pode ajudar alguns e prejudicar outros, o que será anti-isonômico. As bases e custos de extração de minas com teores e profundidades diferentes são amargamente diferentes para os concessionários do direito de exploração, e um standard nivelaria tudo por cima ou por baixo.

120 A fixação de um preço-base para cada tipo de minério pode tornar-se uma ficção de consequências desastrosas. Ademais, fica em certa medida prejudicada a ideia de autolançamento se a administração puder glosar com larga margem de discricionariedade as fichas de registro de apuração da CFEM. Ou seja, com uma compensação de bases não calculáveis, a possibilidade de se porem em cobrança débitos inexistentes é um risco assombroso que recai sobre toda a atividade minerária.

121 Vale dizer, ou bem uma fiscalização efetiva se exerce sobre os fatos, a tempo e modo, ou a inquinação de nulidade sobre o que estiver lançado nos registros do minerador jamais poderá ser vista como fundada em *facta concludentia* para sustentar glosas a destempo.

SISTEMÁTICA DE EXECUÇÃO OU COBRANÇA DA CFEM

122 A atitude mental jurídica que se está a reclamar em termos de CFEM, em *primeiro lugar*, consiste em admitir que, em termos de orçamento é possível cobrar a contribuição ou compensação (ainda que não a título de tributo). Assim entendeu o STF, que, pelo voto do Min. Sepúlveda Pertence, entreviu disjunção entre tipos de teleologia previstos no art. 20, §1º, da Constituição. Em verdade, não se trata de uma verdadeira disjunção forte, mas sim da presença de duas tipologias não excludentes.

123 E em *segundo lugar*, verificar, nas normas tributárias e de direito administrativo, o que pode ser aproveitado ou não em termos legislativos para viabilizar a cobrança da CFEM. Até porque a Lei de Execuções fiscais preceitua em seu art. 2º que "constitui Dívida Ativa da Fazenda Pública aquela definida como tributária ou não tributária na Lei nº 4.320", que é justamente a Lei Geral de Orçamentos, a qual regula a utilização de quaisquer ingressos públicos, sejam tributários ou não, nas suas três modalidades: receitas derivadas, originárias ou transferidas.

124 Assim, por exemplo, quando glosado um pagamento dentro do prazo de prescrição, bastaria em regra inscrevê-lo, extrair certidão e executar. Não falta, todavia, quem defenda a impossibilidade de utilização da Lei das Execuções para a cobrança destes atrasos ou pagamentos a menor de CFEM, uma vez que não estamos diante de "preços de serviços prestados por estabelecimentos públicos", que estejam concretamente previstos como receita não tributária no §2º do art. 39 da Lei Federal nº 4.320/64.

125 É que para estes doutrinadores a CFEM é uma compensação por utilização de bem público apenas aferível por medição após a extração (sendo do certo que nem mesmo o DNPM parecer ter clareza sobre como calcular e glosar as fichas de registro e apuração da CFEM), o que não permitiria a cobrança via execução fiscal, mas exigiria uma ação de conhecimento (o que certamente não é e nunca foi a prática do fisco brasileiro) ou no mínimo um sólido procedimento administrativo-fiscal, ao qual se dê o direito de ampla defesa ao minerador, para a apuração exata do *quantum*. É que mesmo nos casos em que haja um procedimento administrativo, se arvora o fisco no direito de arbitrar valores por estimativa, pela amplíssima força que, aos costumes, auto irroga-se o leão (nas palavras vetustas de Fedro: *quia nominor leo*).

126 E o primeiro passo, neste sentido, é desmistificar aquilo que vem sendo indevidamente afirmado, sem base científica, a respeito da matéria, ao arrepio da constatação de que CFEM é uma receita pública não tributária. Até porque o IUM já era enquadrado, antes de 1988, portanto, como *renda discriminada vinculadamente pelo produto*, na classificação de Antonio Roberto Sampaio Dória: "da cooperação financeira anterior, introduzida em 1934 ou 1937, confirmava-se a distribuição do imposto único sobre minerais",[23] pois a CF/46 confirmaria a distribuição de 60% da arrecadação para Estados, DF e Município proporcionalmente ao seu território.

127 De fato, é preciso avançar, numa atitude mental jurídica positiva, para que sejam fixados, sem paixões ou subjetivismos, os seguintes pontos:
   a) Mesmo que não se esteja diante de um tributo, nada impede (ou tudo obriga) que à CFEM sejam aplicadas as regras que, ainda que compiladas na codificação do Direito Tributário, regulam a atividade do Poder Público em matéria de cobrança de exações;
   b) A pretendida natureza indenizatória da CFEM não faz com que as relações entre o Estado e o particular sejam regidas pela teoria da vontade que impregna o Direito Civil, pois em matéria de direito público a vontade se define pelo exercício da função administrativa e do procedimento;
   c) A hipótese de incidência da CFEM deve necessariamente estar prevista em lei, e especialmente o aspecto quantitativo, relativo à sua base de cálculo, que também deve ser estritamente regulada por instrumento legislativo oriundo do Congresso Nacional ou por direta delegação a fatos (e não factoides), uma vez que em direito público não se pode aceitar a fixação de valores por pauta fiscal, ou por ficção de preço-base ou, ainda, de base de cálculo que suplante o suporte de fato real;
   d) A cobrança da CFEM está sujeita a uma limitação temporal idêntica àquela instituída para (ou em favor) da Fazenda Pública (por isonomia).

128 Admitido por válido este percurso, não terá a administração o direito de inscrever e colocar em cobrança valores relativos à CFEM — que se considere recolhida a menor — após o transcurso do prazo prescricional aplicável por simetria às cobranças de haveres em face da fazenda pública.

---

[23] DÓRIA, Antonio Roberto Sampaio. *Discriminação de rendas tributárias*. São Paulo: J. Bushatsky, 1972. p. 141.

BOA-FÉ DA ADMINISTRAÇÃO

129 É notório que a administração não pode exigir boa-fé dos administrados e agir em descompasso com o princípio que dita: suporta a regra que tu mesmo fizeste (*tu patere legem quam is fecisti*). A pública administração, mais do que ninguém, precisa promover a confiança legítima de que as relações serão estáveis. Vejamos estudo conclusivo de Celso Antônio Bandeira de Mello:

> *Em quaisquer de seus atos*, o Estado — tanto mais porque cumpre a função de ordenador da vida social — tem de emergir como interlocutor sério, veraz, responsável, leal e obrigado aos ditames da boa fé. De seu turno, os administrados *podem agir fiados na seriedade, responsabilidade, lealdade e boa fé do Poder Público*, maiormente porque a situação dos particulares é, em larguíssima medida, condicionada por decisões estatais, ora genéricas, ora provenientes de atos concretos.[24]

130 Neste mesmo sentido nos instrui Jesús González Pérez sobre a boa-fé da administração, com apoio no ensinamento de Díez-Picazo:

> El principio de la buena fe, al igual que los demás principios jurídicos, operará con el alcance y fuerza que le reconoce el artículo 1 del Código Civil, es decir: sirve de base y fundamento a todo el Ordenamiento jurídico; es una de las grandes directrices hermenéuticas y de aplicación; y, a falta de toda otra norma, será la última fuente del Derecho. Cumplirá una triple función de fundamento, interpretación e integración, así como de límite de los derechos subjetivos.[25]

131 É que o adimplemento substancial das obrigações é regra de mão dupla, pois se direciona do administrado para a administração, e

---

[24] BANDEIRA DE MELLO, Celso Antônio. Segurança jurídica, boa-fé e confiança legítima. *In*: BENEVIDES, Maria Victoria de Mesquita; BERCOVICI, Gilberto; MELO, Claudineu de (Org.). *Direitos humanos, democracia e república*: homenagem a Fábio Konder Comparato. São Paulo: Quartier Latin, 2009. p. 219.

[25] GONZÁLEZ PÉREZ, Jesús. *El principio general de la buena fe en el derecho administrativo*. 3. ed. Madrid: Civitas, 1999. p. 81.

desta para aquele. Trazemos, apenas como exemplo geral, o julgado do Eg. STJ que reconheceu tal aplicação da tese da proibição de comportamento contraditório no direito brasileiro:

> Se o acórdão recorrido estabelece, contudo, que não houve qualquer manifestação do credor no sentido da sua intenção de exercer tal direito e, mais que isso, o credor comporta-se de maneira contraditória, emitindo faturas no valor original, cria-se, para o devedor, a expectativa da manutenção do preço contratualmente estabelecido. – O princípio da boa-fé objetiva exerce três funções: (i) a de regra de interpretação; (ii) a de fonte de direitos e de deveres jurídicos; e (iii) a de limite ao exercício de direitos subjetivos. Pertencem a este terceiro grupo a teoria do adimplemento substancial das obrigações e a teoria dos atos próprios (*tu quoque*; vedação ao comportamento contraditório; *surrectio*; *suppressio*). – O instituto da *supressio* indica a possibilidade de se considerar suprimida uma obrigação contratual, na hipótese em que o não-exercício do direito correspondente, pelo credor, gere no devedor a justa expectativa de que esse não-exercício se prorrogará no tempo.[26]

132 A ideia de *suppressio* exprime aquilo que os alemães denominam *Verwirkung*, que nada mais é do que o confisco do direito (ou supressão da liberdade) de laborar em sentido contrário ao inicialmente disciplinado. Aplicam-se, em direito público, tais conceitos, proibindo-se à administração pública a adoção de comportamentos contraditórios. A indispensabilidade do adimplemento substancial de obrigações e deveres vale para os particulares e, com maioria de razão, para os administradores públicos.

133 É justamente tal ideia de confiança nas relações pré-estabelecidas que tem sido acolhida também pela doutrina em matéria de direito minerário:

> O princípio da confiança legítima ganha enorme aplicabilidade na relação DNPM e minerador. É essencial que as normas dispostas sejam respeitadas, e que novas portarias ou qualquer novo tipo de instrumento normativo não altere repentinamente a estrutura antes posta. O administrado tem pleno direito de confiar na estabilidade das regras postas e, eventualmente, programar-se com base na legislação atual, sendo certo que mudanças são cabíveis, necessárias e desejáveis, desde que, contudo, sejam precedidas de espaços de transitoriedades, ou seja, períodos para que os administradores se adaptem.[27]

134 Ou seja, para além de princípios como os da anterioridade e da anualidade da lei tributária, a administração não pode descuidar da boa-fé objetiva, sob pena de nulidade de sua atuação. A possibilidade de aplicação

---

[26] STJ. REsp nº 953.389/SP. 3ª Turma. Rel. Min. Nancy Andrighi. Julg. 23.02.2010. *DJe*, 15 mar. 2010.

[27] FEIGELSON, Bruno. *Curso de direito minerário*. São Paulo: Saraiva, 2012. p. 81.

da teoria da *suppressio* em direito público é afirmada por tratadistas do tema, como António Manuel da Rocha e Menezes Cordeiro.[28] No mesmo sentido vai Celso Antônio Bandeira de Mello, em recente parecer.[29]

---

[28] CORDEIRO, António Manuel da Rocha e Menezes. *Da boa fé no direito civil*. Coimbra: Almedina, 1984. p. 802-803, nota de rodapé n. 572.

[29] BANDEIRA DE MELLO, Celso Antônio. Incentivo fiscal: impossibilidade de ato administrativo fraudar-lhe o sentido e sobrepor-se à supremacia da lei: princípios da lealdade e boa fé. *Revista Trimestral de Direito Público – RTDP*, n. 57, p. 185-194, 2012. Parecer.

XI

SERIA VÁLIDO UM FATO GERADOR DE TIPO ABERTO EM HIPÓTESE DE COMPENSAÇÃO?

135 Atentemos inicialmente para a leitura do art. 6º da Lei 7.990/89 e do art. 2º da Lei nº 8.001/90, que regulam o suposto de fato da compensação em estudo:

Lei nº 7.990/89
Art. 6º A compensação financeira pela exploração de recursos minerais, para fins de aproveitamento econômico, será de até 3% (três por cento) sobre o valor do faturamento líquido resultante da venda do produto mineral, obtido após a última etapa do processo de beneficiamento adotado e antes de sua transformação industrial.

Lei nº 8.001/90
Art. 2º Para efeito do cálculo de compensação financeira de que trata o art. 6º da Lei nº 7.990, de 28 de dezembro de 1989, entende-se por faturamento líquido o total das receitas de vendas, excluídos os tributos incidentes sobre a comercialização do produto mineral, as despesas de transporte e as de seguros.

136 Ou seja, é de palmar evidência que, se a CFEM incide sobre o valor do montante líquido da receita das vendas, não se há de falar em tal gravame quando se dê o uso próprio e direto, sem comercialização, do produto *in natura*. De mais a mais, isto é perfeitamente útil e racional, já que plenamente constitucional será beneficiar todo um setor da economia em homenagem ao mercado interno, que integra o patrimônio nacional e precisa ser incentivado, nos termos do art. 219 da CF.

137 Ainda nesta linha. Se o Estado é agente normativo e regulador da atividade econômica (com sujeição a toda a principiologia do art. 174 da CF, no textual desempenho de sua função de incentivo), como aceitar válido que o DNPM possa bater na porta do minerador, lustros depois, para cobrar o que já havia sido corretamente pago e recoberto pelo manto da preclusão?

138 Assim, quem extrai, e vende, pode abater custos, e deve pagar a CFEM sobre o valor líquido do minério. Já aquele que extrai, e já utiliza no âmbito de suas próprias atividades, está investindo no desenvolvimento e merece ser incentivado, razão pela qual pagaria ICMS e IPI, mas não a CFEM. O que se está a significar é que a matriz constitucional não deseja impor restrições ao desenvolvimento, pois ao que tudo indica quer grafar, sobretudo, os que exploram a riqueza que será utilizada por terceiros.

139 Ao perceber esta lacuna acima referida, o Poder Executivo fixou "novo fato gerador", mediante o Decreto nº 01, de 11.01.1991:

> Art. 15. Constitui fato gerador da compensação financeira devida pela exploração de recursos minerais a saída por venda do produto mineral das áreas da jazida, mina, salina ou de outros depósitos minerais de onde provém, ou o de quaisquer estabelecimentos, sempre após a última etapa do processo de beneficiamento adotado e antes de sua transformação industrial.
>
> Parágrafo único. Equipara-se à saída por venda o consumo ou a utilização da substância mineral em processo de industrialização realizado dentro das áreas da jazida, mina, salina ou outros depósitos minerais, suas áreas limítrofes e ainda em qualquer estabelecimento.

140 Nasceu, assim, com o aparentemente ingênuo "Diktat" desse decreto regulamentar, a saída ficta de minérios do estabelecimento. Tudo vai se passar "como se" a substância tivesse efetivamente saído do estabelecimento e, assim, o peso da CFEM passará a ser imponível e cobrável.

141 O texto da norma administrativa utilizou a voz "fato gerador", que está longe de ser peculiaridade do direito tributário. Em 1937, quando Gaston Jèze toma de empréstimo a locução geral e a eterniza entre os tributaristas,[30] fabrica-se um pouco da ideia de que fato gerador seria conceito próprio do direito tributário. Mas Gaston Jèze já alertava, tal expressão não é, e nunca foi, "exclusiva" da seara do direito fiscal.

142 A lei ordinária, ao regulamentar a Constituição, previu que enquanto receita da União, Estados e Municípios, a CFEM deve recair apenas sobre o valor da venda do minério por aquele que explora a jazida (e quando não há venda, não há pagamentos). Já o Poder Executivo, por sua vez, deseja que a CFEM recaia também sobre outro fato: o consumo do minério pelo próprio concessionário da exploração em processo de industrialização. Tal minério, porém, figura apenas como um insumo (ou um dos insumos) na fabricação de um produto industrializado, aumentando o valor agregado e, portanto, a base de cálculo de IPI e ICMS.

---

[30] Cf. o clássico artigo Le fait générateur de l'impôt (*Revue du Droit Public et de la Science Politique en France et a l'etranger*, v. 44, n. 54, p. 618-634, 1937), publicado entre nós sob o título O fato gerador do imposto: contribuição à teoria do crédito de imposto (*Revista de Direito Administrativo – RDA*, v. 2, n. 1, p. 50-63, jul. 1945).

143 Este novel "fato gerador" criado por Decreto configura franca e direta lesão à legalidade das exações estatais. E não haverá discricionariedade administrativa que salve tal imposição da ilegalidade, pois não existe lei — ou delegação — que dê margem a tal dosimetria na fixação do *quantum* do preço público que deva ser recolhido. Mais grave ainda, é presumir imponível a CFEM para quem não vende o produto mineral não-beneficiado, mas sim o utiliza como insumo de sua produção.

144 As margens da legalidade administrativa e do poder da administração de agir de ofício não podem ser invocadas se o objetivo é suplantar a necessária atuação do legislador nacional. Assim, no presente caso, quando a administração direta (prolatora do decreto), secundada pela administração indireta (DNPM), pretende alargar a hipótese de incidência da CFEM para fazer estender a exação por sobre fato não previsto em norma legal (a pretendida incidência sobre o consumo do minério em processo industrial), fica irreversivelmente arranhada a reserva legal, pois se estará usando da autorização legal para a além da limitação que lhe é ínsita.

145 Tal usurpação de competência do legislador federal deve ser vista como via de mão dupla. Imagine-se que a União, por meio de decreto, acabasse pretendendo simplesmente tornar sem efeito uma tal "expansão da base de cálculo". Em matéria de competência, quem a machuca sequer poderá arrogar-se o poder de curar a lesão.

146 Mas não é só. Há decreto e outros atos regulamentares. O DNPM se comporta em matéria de minérios como se ele possuísse a competência da competência (só para utilizar uma expressão tão cara a Laband). O DNPM extrapola os limites do poder regulamentar ordinário ao se autoinstilar foros de juridicidade que não alcança. A relação de sujeição especial entre o minerador e o departamento-fiscalizador não pode servir para arranhar a legislação e, pior ainda, a Constituição.

147 Toda atividade pública de cobrança de pecúnia deve ser plenamente vinculada, valendo aqui o preceito geral insculpido no art. 3º do CTN. Conforme diz a CF, todo decreto serve apenas para declarar e esclarecer o fiel cumprimento da lei. Mais ainda em matéria fiscal, quando o Estatuto do Contribuinte o protege de maneira ampla contra os abusos da administração atrabiliária, e não é possível a utilização da figura do decreto de organização (introduzido em nosso sistema pela EC nº 32).

148 O professor Roque Antônio Carrazza estudou a inovação e o excesso de conteúdo trazidos pelo Decreto de 1991, e assim concluiu:

> A pretexto de regulamentar a Lei nº 7.990/89 (com as complementações que lhe fez a Lei nº 8.001/91), este decreto criou novidades jurídicas, em detrimento dos contribuintes.
>
> Desde logo chama-nos a atenção a circunstância de que as Leis nº 7.990/89 e 8.002/90, ao instituírem a "compensação financeira pela exploração de recursos minerais" (CFEM) limitaram-se a definir suas bases de cálculo

(art. 6º da Lei nº 7.990/89) e alíquotas (art. 2º da Lei nº 8.001/90). Deixaram de pormenorizar a hipótese de incidência (fato gerador *in abstracto*) do tributo e apenas "sugeriram" seu sujeito passivo (contribuinte). Portanto, não chegaram a criar *in abstracto*, o tributo. [...]

Foi o artigo 13, do Decreto nº 01/91, que estabeleceu que os contribuintes são os "detentores dos direitos minerários a qualquer título". O mesmo decreto, agora em seu artigo 15, parágrafo único, explicitou qual é, em toda a latitude, o "fato gerador" (hipótese de incidência) da "compensação financeira". Portanto, este decreto ultrapassou as barreiras legais, devendo, nestes pontos, ser ignorado. [...]

As lacunas das leis em foco não poderiam ter sido supridas pelo Poder Executivo. Também suas determinações não poderiam ter sido alteradas pelo normativo de inferior hierarquia. Afinal, como vimos, o decreto regulamentar — especialmente em matéria tributária- deve, apenas, estabelecer os pormenores normativos de ordem técnica, aptos a viabilizar os comandos legais.

Portanto, o Decreto nº 01/91 não se conteve nos limites da competência regulamentar, já que inovou inauguralmente a ordem jurídica tributária, atropelando e "completando" as Leis nº 7990/91 e 8001/90 (o que somente uma lei federal poderia fazer).

Tal decreto é, pois, a um tempo, ilegal e inconstitucional. Ilegal, porque não se limitou a veicular normas complementares, necessárias à execução das leis que se propôs regulamentar; antes, criou realidades tributárias novas, agravando a situação dos contribuintes. É inconstitucional, porque agrediu frontalmente o princípio da estrita legalidade tributária e os direitos fundamentas dos contribuintes, tão travejados em nossa Carta Magna. Não pode, em absoluto, prevalecer.[31]

149 Portanto, uma vez que referido decreto não poderia ter exorbitado do poder regulamentar, torna-se evidente que jamais servirá de base para glosar aquilo que o contribuinte calculou e validamente liquidou. Mesmo antes de transcorrido o prazo de prescrição para cobrarem-se diferenças, já ocorreu a consumação do ato de concessão da lavra e consequente venda ou utilização direta do minério. E pior ainda quando se tente impor o gravame por CFEM naquelas situações em que o *manifesto de lavra* tenha autorizado a exploração de minas em momento anterior à Constituição de 1988.

150 Temos ato consumado, e, portanto, irretratável por falta de objeto. Já o que eventualmente tenha sido pago a maior poderá ser objeto de compensação (e aqui seria compensação da compensação) ou de ação judicial para repetição ou declaratória do *quantum* (até porque não caberia

---

[31] Cf. CARRAZZA, Roque Antônio. Natureza jurídica da "compensação financeira pela exploração de recursos minerais": sua manifesta inconstitucionalidade. *Justitia*, v. 57, n. 171, p. 88-116, jul./set. 1995.

compensação a teor do art. 170 do CTN), apenas a primeira submetida a prazo prescricional (acolhido aqui o magistério de Agnelo Amorim Filho, com o irretocável critério que utilizou para apartar a prescrição e a decadência).[32]

151 Destarte, para que tais cobranças fossem passíveis de execução, far-se-ia necessário: (i) alterar a matriz constitucional; e (ii) validamente regular por lei seu conteúdo. Tão somente após tais alterações, é que seria possível ampliar a base de cálculo da cobrança, o que jamais poderia ter efeito retroativo, por imposição da própria CF.

---

[32] Cf. AMORIM FILHO, Agnelo. Critério científico para distinguir a prescrição da decadência e para identificar as ações imprescritíveis. *Revista dos Tribunais*, v. 49, n. 300, p. 7-37, out. 1960.

CFEM
COMPENSAÇÃO APOIADA EM BASE DE CÁLCULO FIXADA EM REGIME *ULTRA FORFAITARIO*

152 Não há como se admitir o alargamento de base de cálculo por ato regulamentar não legislativo. Assim, a nosso sentir, não é possível aceitar a imposição de recolhimento de qualquer complemento de cobrança com base no Decreto nº 01/91. A considerar-se que, do ponto de vista operacional e jurídico, não é possível calcular a exação (fixando validamente o seu *quantum*), seria ilógico falar-se em insuficiência no recolhimento. Para que se possa alegar que o contribuinte "teria" cumprido de modo insuficiente a obrigação de declarar quantitativos e recolher a CFEM, é necessário comprovar tais afirmações por meio de competente procedimento fiscal de verificação.

153 É que a legislação fez recair a CFEM na venda dos minérios extraídos, fixando o fim do último processo de beneficiamento como sendo o momento da incidência da alíquota, mas fabricando, assim, um aparente excesso de arrecadação. Daí que, ao ser questionada a natureza compensatória da CFEM, acabou sendo levada ao crivo do STF toda a cobrança do gravame.

154 Já o STF anteviu uma possibilidade de compreender pela constitucionalidade da cobrança, a partir da disjunção prevista no §1º do art. 20 da Lei Maior. Diz o artigo que, de duas uma: ou haverá participação no resultado da exploração, ou haverá compensação financeira por esta exploração. Percebendo a possibilidade de ancorar a validade da cobrança, tal qual esculpida pela lei, na disjunção constitucional, o Min. Sepúlveda Pertence entendeu que: "2. A obrigação instituída na L. 7.990/89, sob o título de 'compensação financeira pela exploração de recursos minerais' (CFEM) não corresponde ao modelo constitucional respectivo, que não comportaria, como tal, a sua incidência sobre o faturamento da empresa; não obstante, é constitucional, por amoldar-se à alternativa de 'participação no produto da exploração' dos aludidos recursos minerais, igualmente prevista no art. 20, §1º, da Constituição".

155 Acatamento e respeito são devidos a tal manifestação pretoriana, voltada, como deve, prioritariamente, ao salvamento e resgate da norma legal fustigada como inconstitucional. E tal resgate pretoriano, ressalte-se, mais se apoiou na desclassificação ou apartamento da CFEM das figuras tributárias, do que propriamente em aprofundado estudo que a encartasse como típico preço público. Em suma: as poucas decisões judiciais que tocaram o tema promovem o salvamento da cobrança e não o estudo aprofundado de sua natureza jurídica possível.

156 Vejamos o que diz o art. 2º da Lei Federal nº 8.001/90:

> Art. 2º Para efeito do cálculo da compensação financeira de que trata o art. 6º da Lei nº 7.990, de 28 de dezembro de 1989, entende-se por faturamento líquido o total das receitas de vendas, excluídos os tributos incidentes sobre a comercialização do produto mineral, as despesas de transporte e as de seguros.

157 Ocorre, porém, que a esse esforço que o direito pretoriano, com grandeza, faz para salvar a lei, nem de longe correspondem certos lavores que, mais abaixo na ladeira das normas infralegais, vêm se registrando: que fez o STF? A Suprema Corte priorizou, na medalha da chamada CFEM, a face em que se inscreve o termo "participação no resultado da exploração do minério", de modo a reconhecer não só a inadequação do nome dado (*nomina non sunt consequentia rerum*), como também a subalternizar o conteúdo da "compensação", noção talvez influente, não na correta caracterização do núcleo (base de cálculo) da hipótese de incidência da CFEM, mas apenas na fase da correta distribuição das receitas no seio da federação — nada mais que o reverso da medalha.

158 Por sua vez, o que fazem os detentores de fatias do poder de regulamentar, no momento da interpretação e aplicação da lei? O art. 6º da Lei nº 8.001, cuja constitucionalidade se vê plenamente resgatada por quem de direito, não vem sendo respeitado no Poder Executivo, quer pelo respectivo titular, quer mais abaixo na ladeira das normas infralegais: ali, o que se nota é uma incompreensível imposição de critérios desviantes, capazes de esvaziar o conceito de "faturamento líquido", consagrado na lei, tornando-o "de facto" ou um "faturamento bruto" ou um "faturamento perpetuamente ilíquido".

159 Em suma, um "forfait", crismado no STF por conta da noção "faturamento líquido", ressurge alhures com novas potencialidades de energia, seja (i) para lançar sobre as costas do minerador um encargo cerebrino e insuportável (CFEM na venda ficta, *de facto* inexistente, mas ainda assim valorada em termos de faturamento desenganadamente "bruto"); seja (ii) para impor glosas e autuações a pretexto de insuficiências no autolançamento da CFEM referente a períodos em que a ficção, já inventada, sequer chegava a ser compreendida, ou atinente a tempos mais recentes em que, já compreendida, não, como não tem até hoje, como ser respeitada.

160 Daí que não nos pareça que o excesso fabricado pelo Decreto nº 01/91 — uma nova hipótese de incidência da CFEM — seja passível de convalidação nem mesmo por lei ou norma constitucional posterior. Nem mesmo uma emenda à Constituição convalidaria tamanho absurdo, pois apenas as novas constituições rompem o sistema de fiscalização abstrata de constitucionalidade e "consertam" o passado. Neste sentido, por exemplo, há vários acórdãos entendendo que as "alegações de que a Emenda Constitucional nº 20, que entrou em vigor em 16.12.1998 (dezoito dias após a publicação da Lei nº 9.718), convalidaria os vícios da lei anterior não podem ser aceitas, já que não há como tornar constitucional norma prévia, eivada do vício de inconstitucionalidade".[33]

161 E podemos ir mais fundo no tema. Figure-se um minerador que extraia calcário e diretamente produza o cimento (que é um dos problemas que mais afligem o consulente). Por óbvio, em cenário assim, não há ocorrência de uma operação de venda do calcário, e por conseguinte não pode haver incidência da CFEM sobre operação que não ocorreu.

162 Pois é exatamente numa situação jurídica com esses contornos que o DNPM tem promovido duas impropriedades. Uma, por hipostasiar a ficção de que a CFEM incide sobre uma venda que não ocorreu. E outra, por vetar a dedução de custos na determinação da base de cálculo, fazendo incidir a alíquota da CFEM sobre uma grandeza ilíquida, sobre *minério-ilíquido*. A primeira impropriedade se apoia no texto do decreto e a segunda nos atos internos do próprio DNPM, nenhuma delas sanando-se ou convalescendo, pelo menos enquanto o legislador resistir a tais fiscalismos. Até porque, como diz José Afonso da Silva, em seu *Comentário contextual à Constituição*, "a participação só cabe no resultado líquido, pois uma exploração no nível dos custos e despesas não tem resultado positivo passível de ser compensado".

163 Como bem assevera Marcelo Mendo Gomes de Souza, "sem venda de produto mineral (substância mineral beneficiada), não há faturamento (bruto ou líquido) de produto mineral. Logo, não há fato gerador, nem base de cálculo para incidência e apuração da CFEM".[34]

164 A assertiva acima deve ser lida tomando-se em conta que a Constituição da República assegura participação no resultado da exploração ou compensação financeira por essa exploração (art. 20, §1º, CF). Por evidente, estamos a tratar da exploração do minério e não do produto

---

[33] Cf. TRF3. AI nº 0010644-17.1999.4.03.0000/SP. 4ª Turma. Rel. Des. Federal Therezinha Cazerta. Julg. 27.06.2001. *e-DJF3*, 26 maio 2009; e STF. RE nº 346.084/PR. Pleno. Rel. Min. Ilmar Galvão. Rel. p/ acórdão Min. Marco Aurélio. Julg. 09.11.2005. *DJ*, 1º set. 2006.

[34] SOUZA, Marcelo Mendo Gomes de. Hipótese de não incidência da Compensação Financeira pela Exploração de Recursos Minerais (CFEM) sobre o produto mineral industrializado. *In*: SOUZA, Marcelo Mendo Gomes de (Coord.). *A Compensação Financeira pela Exploração dos Recursos Minerais – CFEM*. Belo Horizonte: Del Rey, 2011. p. 258.

industrializado a partir do minério. Referimo-nos a quem utiliza o minério, explora o minério, mas o comercializa como minério. Seria ficção considerar como circulação jurídica do minério o fato de serem posteriormente utilizados os produtos que dele derivam.

165 Dois aspectos levantados pela consulente merecem análise acurada:

a) a validade de se transferir ao contribuinte a ingrata tarefa de recalcular o débito; e

b) a impossibilidade de deduzir o ICMS, o PIS e a COFINS nos casos em que o contribuinte não venda o minério.

166 De tais pontos, decorrem algumas conclusões que já foram objeto da percepção dos advogados que acompanham as ações judiciais e procedimentos administrativos: (i) a invalidade de a administração aboletar-se numa posição cômoda de impor o dever de recálculo a quem está sofrendo a cobrança; (ii) a invalidade desta postura administrativa, também pelo aspecto da indelegabilidade dos atos administrativos; e (iii) a interessante *trouvaille* administrativa de tratar quaisquer deduções com má vontade e, assim, invariavelmente concluir *sempre* pela existência de diferenças do passado ainda exigíveis.

167 Em relação ao PIS e à COFINS o problema é ainda maior, por ficar a apuração destas centralizada no estabelecimento sede. Isto torna tais deduções, no cálculo da CFEM, algo operacionalmente impossível. Basta analisar o art. 15 da Lei Federal nº 9.779/99 para compreender a dificuldade:

> Art. 15. Serão efetuados, de forma centralizada, pelo estabelecimento matriz da pessoa jurídica:
>
> I - o recolhimento do imposto de renda retido na fonte sobre quaisquer rendimentos;
>
> II - a apuração do crédito presumido do Imposto sobre Produtos Industrializados – IPI de que trata a Lei nº 9.363, de 13 de dezembro de 1996;
>
> III - a apuração e o pagamento das contribuições para o Programa de Integração Social e para o Programa de Formação do Patrimônio do Servido Público – PIS/PASEP e para o Financiamento da Seguridade Social – COFINS.

168 Relembre-se, ademais, que o PIS e a Cofins, após a EC nº 20/98, passaram a incidir sobre as receitas em geral, e não mais sobre o restrito subconjunto do faturamento (com regulamentação pelas leis federais nº 10.637/02 e nº 10.833/03). As normas regulamentares criaram a regra de "não cumulatividade", o que garante que várias despesas da pessoa jurídica (mas não do estabelecimento), tais como depreciações, exaustões, etc., fossem deduzidas do cálculo do PIS e da COFINS. Tais dedutibilidades foram a contrapartida do aumento das alíquotas para 9,25%. Diz o art. 3º da Lei Federal nº 10.833/03:

Art. 3º Do valor apurado na forma do art. 2º a pessoa jurídica poderá descontar créditos calculados em relação a: (*Vide Medida Provisória nº 497, de 2010*) [...]

VI - máquinas, equipamentos e *outros bens incorporados* ao ativo imobilizado, *adquiridos* ou *fabricados para* locação a terceiros, *ou para utilização na produção de bens destinados à venda* ou na prestação de serviços; (*Redação dada pela Lei nº 11.196, de 2005*). (grifos nossos)

169 Daí todos os envolvidos na mecânica da cobrança da CFEM julgarem ser impossível, ou quase, obter o valor "estimado" do PIS e da COFINS sobre a venda do estabelecimento, para depois deduzir este valor do cálculo da CFEM. O que aqui se criou é a *dedução tributária para frente* ou *desconto de base de cálculo por detração ficta*.

170 Independentemente da natureza jurídica da CFEM — tributária ou não tributária — não é factível operar sua mecânica admitindo-se que os integrantes do DNPM possam desconsiderar as regras tributárias relativas ao PIS e à COFINS, que determinam a apuração centralizada das contribuições no estabelecimento matriz e também desconsiderar o comando do art. 2º da Lei 8.001/90, no sentido de deduzir do cálculo da CFEM, os tributos incidentes sobre a venda. E mais grave ainda seria estes técnicos do governo, adredemente, inviabilizarem as pretendidas deduções para impor ao contribuinte o dever de provar o impossível (o que fere a vetusta regra do direito romano *ad impossibilia nemo tenetur*). E tudo laborando sob a ameaça de cobrança de CFEM que querem porque querem reputar como tendo sido recolhida a menor.

171 Nada disso faz sentido, quando o próprio CTN, no seu art. 142, e a Lei de Processo Administrativo Federal, no parágrafo único de seu art. 2º, obrigam o exercício da atividade funcional administrativa de lançar com respeito ao suposto de fato, em conformidade com a lei e o direito, na busca da verdade material, para que não haja imposição de obrigações superiores àquelas estritamente necessárias *secundum legem*.

XIII

COBRANÇAS OU GLOSAS ILÍQUIDAS NÃO SÃO EXECUTÁVEIS E NÃO ATENDEM AO ROL DE DEVERES FUNCIONAIS DO FISCO

172 Parece nula a possibilidade de promover a Pública Administração cobranças baseadas em fatos que jamais conseguiria provar. Imagine-se que ela optasse por ajuizar ação com vistas a obter declaração sobre o *quantum* de CFEM em casos que tais. Como transpor a barreira do art. 460, parágrafo único, do CPC, quando todo o quadro até aqui analisado conduz para uma defesa, a ser assumida pelo DNPM, da validade de uma imposição de relação jurídica condicional e incerta? E, assinale-se, temos neste ponto vários aspectos processuais de conhecimento que refogem ao objeto deste estudo.

173 Até mesmo porque a Lei Federal nº 9.784/99 — que regula o processo administrativo federal — exige que todas as provas sejam produzidas na busca da verdade material. Com a devida vênia, ao que tudo indica, o fato de a CFEM ser herdeira do IUM (regulado em período castrense pela Lei Federal nº 4.425/64) induz na cabeça do glosador o direito a uma certa "verdade sabida" (famigerado instituto que dava, ao chefe de uma repartição, o direito de aplicar o "direito" sem procedimento administrativo). É que o regime da Lei Federal nº 4.425 era claro no sentido de que os minerais consumidos ou transformados dentro da área da jazida teriam o fato gerador do IUM dado por ocorrido antes de tais operações, e calculados a partir de uma pauta fiscal baixada semestralmente, nos meses de junho e dezembro.

174 Talvez em razão desta sistemática do passado, continua dando na veneta dos aplicadores de hoje esse atuar com pretensos dons mágicos de um írrito Midas. O direito ao processo administrativo correto, ressalte-se, é cláusula de estatura constitucional. Decorre dos princípios do contraditório e de ampla defesa. Até porque, em direito público, a vontade não é livre e sim funcional. Para a expedição desta vontade, o administrador tem no procedimento a segurança de estar atendendo ao interesse público. Fora disso, existe apenas insegurança. A justa conexão entre *direito* e *acesso ao* *direito* será feita via procedimento administrativo: "Só mesmo a razoabilidade no procedimento e o devido processo legal substantivo é que podem resguardar o cidadão contra o arbítrio de administradores e legisladores".[35]

175 É da índole do procedimento administrativo a produção de atos finais com pressuposto de legitimidade e veracidade. Tais pressupostos são uma decorrência da atividade e não de critérios aprioristicamente considerados. A dedução do ICMS, do PIS, da COFINS na determinação da base de cálculo da CFEM deve ser operacionalizada por um procedimento específico em cada caso. Faz-se necessária a realização de perícia capaz de apurar com rigor e precisão quais seriam os valores do ICMS, do PIS e da COFINS sobre as operações relacionadas ao consumo de minério no processo industrial realizado no estabelecimento.

176 Caso contrário haverá uma autuação por estimativa sem quaisquer bases reais. Vejamos o que diz a doutrina:

> O STF tem rejeitado as argüições de inconstitucionalidade da base de cálculo fixada por estimativa, desde que o valor estimado possa ser confrontado com a base de cálculo real. Quanto à fixação em pauta fiscal, o STF a recusa, sob o argumento de que o arbitramento não pode ser realizado por portaria de efeito normativo, mas apenas mediante "processo regular", com o exame de cada caso em particular.[36]

---

[35] Cf. TOMELIN, Georghio Alessandro. Silêncio-inadimplemento no processo administrativo brasileiro. *Revista de Direito Administrativo – RDA*, n. 226, p. 281-292, out./dez. 2001.

[36] TORRES, Ricardo Lobo. *Tratado de direito constitucional financeiro e tributário*. Rio de Janeiro: Renovar, 2007. v. 4 - Os tributos na Constituição, p. 260, item 5.2, *in fine*.

XIV

PERÍCIA PARA APURAÇÃO DO CUSTO DE PRODUÇÃO E IMPOSSIBILIDADE DE APURAÇÃO FICTA, A PARTIR DE MERA PRESUNÇÃO *HOMINIS*

177 Os atos administrativos gozam de presunção de legitimidade e veracidade. Ocorre que tais presunções são *iuris tantum* (relativas, portanto) e não presunções absolutas (*iuris et de iure*). Partamos desta premissa conceitual, acrescendo a ela a noção de que todo ato administrativo, para ser válido, precisa ter sustentáculos de fato e de direito reais, provados mediante um procedimento, sem o que este será viciado quanto aos motivos. Não por outra razão, o art. 142 do CTN dita a regra geral segundo a qual é privativo da autoridade o constituir e o lançar a partir de um procedimento administrativo, sendo certo que qualquer auto de infração deve conter obrigatoriamente a perfeita descrição dos fatos, segundo o art. 10, inc. III, do Decreto nº 70.235/72.

178 Em se tratando de presunções relativas, estas desabam diante de qualquer questionamento. Daí decorre também a consequência de não ser passível de execução pelos mecanismos da execução fiscal, ainda quando aceitássemos a inclusão aí, dos preços públicos, por meio de compensação da exploração com receitas não tributárias (a despeito do texto do §2º do art. 39 da Lei Federal nº 4.320). Vale dizer: de qualquer modo, se são receitas administrativas, uma vez aferido por estimativa o seu *quantum*, jamais alcançariam a imprescindível liquidez após questionamento do minerador sobre a glosa, maiormente quando esta se apoiar em estimativas contábeis e não em um procedimento administrativo de efetiva verificação.

179 E é esta a razão de se relegar tudo para os silogismos fáceis do decreto regulamentar da CFEM, que promove equiparações com ares de verdade e de legitimidade. Tanto não pode o decreto fazer tais equiparações, quanto não seriam aceitas as mesmas se com elas se tentasse suplantar ficticiamente o *id quod plerumque fit*. O que a administração normalmente faz — a sua práxis — não pode ser desconsiderado na apuração do *an* e do *quantum*.

180 Ocorre que o art. 15, parágrafo único, do Decreto nº 01/91 equiparou "saída" e "utilização". Diz seu texto que "equipara-se à saída por venda o consumo ou a utilização da substância mineral em processo de industrialização realizado dentro das áreas da jazida, mina, salina ou outros depósitos minerais, suas áreas limítrofes ou ainda em qualquer estabelecimento", constituindo um novo fato gerador para a CFEM. Tal sorte de equiparação é inaceitável, maiormente em direito tributário. Vejamos o que o STF já decidiu sobre o ponto:

> ICMS – Convênio – Artigo 34, §8º, do ADCT – Balizas. A autorização prevista no §8º do artigo 34 do Ato das Disposições Transitórias da Carta de 1988 ficou restrita à tributação nova do então artigo 155, inciso I, alínea "b", hoje artigo 155, inciso II, da Constituição Federal. ICMS – Produção – Ativo fixo – Saída – Ficção jurídica. *Mostram-se inconstitucionais textos de convênio e de lei local — Convênio nº 66/88 e Lei nº 6.374/89 do Estado de São Paulo — reveladores, no campo da ficção jurídica (saída), da integração, ao ativo fixo, do que produzido pelo próprio estabelecimento, como fato gerador do ICMS.*[37] (grifos nossos)

181 Vale a pena aqui relembrar o famoso argumento "ad terrorem" utilizado por Baleeiro, registrado em várias obras como por exemplo no "Tratado de Direito Constitucional, Financeiro e Tributário" de Ricardo Lobo Torres, quando trata do ICMS: "Quem primeiro forneceu inspiração para este tipo de abordagem, embora não comungasse no credo positivista, foi Aliomar Baleeiro, ao lançar o argumento *ad terrorem* de que *a consideração da saída física como fato gerador do ICMS conduziria a se concluir como tal o 'furto da mercadoria'*"[38] (grifos nossos).

182 Já o §1º do art. 14 do mesmo Decreto dita que "no caso de substância mineral consumida, transformada ou utilizada pelo próprio titular dos direitos minerários ou remetida a outro estabelecimento do mesmo titular, será considerado faturamento líquido o valor do consumo na ocorrência do fato gerador definido no art. 15 deste Decreto". Temos neste caso uma presunção forte, no sentido de que a circulação do minério beneficiado culmina por hipostasiar novo fato gerador — e bem assim por valorar seu *quantum* — para fins de incidência de CFEM.

183 Ao tempo do IUM havia lugar para a arbitrariedade da chamada pauta fiscal; ao tempo da CFEM, agora, surge o simulacro de uma auto imputação de cálculo delegada ao contribuinte, para dar a impressão de que ele próprio aceita o aspecto quantitativo "exagerado" da materialidade da cobrança do gravame.

---

[37] STF. RE nº 158.834/SP. Pleno. Rel. Min. Sepúlveda Pertence. Rel. p/ acórdão Min. Marco Aurélio. Julg. 23.10.2002. *DJ*, 05 set. 2003.

[38] TORRES. *Tratado de direito constitucional financeiro e tributário*, v. 4, p. 248, item 3.1.2.

184 Temos aqui, portanto, nada menos que uma *pauta fiscal ficta em presunção absoluta*, o que, segundo a jurisprudência, seria inaplicável no direito tributário atual, com apoio na lição de Pugliatti, tantas vezes citada por Rubens Gomes de Souza. A pauta fiscal era uma hierarquização de valores, ao passo que o que se dá com a CFEM torna-se, aqui, ainda mais arbitrária.

185 No viés de tal prepotência legiferante nasce a ideia de que o Poder Executivo teria liberdade para criar novo fato gerador da CFEM. Mas é justamente a falta de clareza decursiva dos critérios de cálculo previstos nos artigos 14 e 15 do Decreto nº 01/91, que acaba tornando impossível a cobrança da CFEM. O "truque" de fazer uma criptodelegação para estabelecimento de uma inatingível realidade fática (fatos que se pede sejam autodeclarados pelo contribuinte em momento posterior à incidência da CFEM) não sana nem convalida a falta de liquidez que acomete o cerebrino débito. O que o Poder Executivo tenta é, sem sucesso, escapar da sempre válida observação de Geraldo Ataliba: "Expedir regulamentos sem lei (ou contra a lei) é atentar contra a Constituição [...]. Acatá-lo, sem resistir, é compactuar com a negação da ordem jurídica".[39]

186 Nesse sentido é que estamos seguros em afirmar que o grau de precisão das regras do direito jamais permitiria que tal subsunção fosse feita em abstrato e por estimativa, maiormente em direito fiscal. Vejamos a lição de Paul Roubier sobre o tema:

> **Le degré de précision des règles de droit**
> La règle de droit peut se présenter sous deux aspects très différents: l'un est celui de la règle rigide, précise et détaillée, qui tend à proscrire autant que possible toute interprétation, source d'arbitraire; l'autre au contraire est une règle souple, flexible e nuancée, qui invite l'interprète, en se servant des directives qu'elles indique, et en orientant en quelque sorte son élan, à élever une construction plus complète. Le premier type de règle domine, quoique d'une manière non exclusive, dans les règles législatives; le second est les plus ordinaires dans les régles coutumières, jurisprudentielles ou doctrinales.[40]

187 Ocorre, ainda, que o DNPM foi mais longe. Parece, com efeito, ter-se sub-rogado na posição do legislador ao expedir a Instrução Normativa nº 6/1991, pela qual se fixou base imponível especialíssima: estabelecendo hipótese de incidência que pressupõe atividade de consumo

---

[39] Cf. ATALIBA, Geraldo. Liberdade e poder regulamentar. *Revista de Informação Legislativa*, v. 17, n. 66, p. 45-74, abr./jun. 1980.
[40] ROUBIER, Paul. *Théorie générale du droit*: histoire des doctrines juridiques et philosophie des valeurs sociales. 2ᵉ éd. Paris: Dalloz, 2005. p. 107.

no processo industrial, sem que haja preço de venda do minério para o próprio consumidor. Vejamos o que o art. 2º da IN nº 6/91 e as orientações normativas do DNPM determinam:

Instrução Normativa nº 6/91
Art. 2º Para os efeitos previstos no art. 14, §1º, do Decreto 1/91, considera-se valor de consumo, o valor total do produto mineral apurado, até a etapa de elaboração do produto final, que antecede a sua inclusão no campo de incidência do Imposto sobre Produtos Industrializados (IPI).

Orientação Normativa nº 6/PF-DNPM
Compensação Financeira pela Exploração de Recursos Minerais (CFEM) – Incidência da CFEM no consumo da substância mineral em processo de industrialização – Legalidade do artigo 15, parágrafo único, do Decreto nº 1/1991.
A equiparação do consumo da substância mineral em processo de industrialização à saída por venda, a teor do disposto no artigo 15, parágrafo único, do Decreto nº 1/1991, não colide nem excede o disposto na lei instituidora da exigência, pois em ambos os casos haverá a comercialização do recurso mineral extraído, quer seja pela venda do produto mineral propriamente dito, quer seja pela venda do produto industrializado, decorrente da manufaturação do bem mineral.
Referência: PARECER Nº 91/2012-PROGE/DNPM-GT.

Orientação Normativa nº 7/PF-DNPM
Compensação Financeira pela Exploração de Recursos Minerais (CFEM) – Ponto de incidência – Fase do processo minerário anterior ao campo de incidência do Imposto sobre Produtos Industrializados.
A previsão contida no artigo 14, inciso III, do Decreto nº 1/1991, de que o processo de beneficiamento minerário será delimitado pela descaracterização mineralógica das substâncias minerais processadas, revela-se como uma norma jurídica de eficácia limitada. Por essa razão, enquanto não houver a edição de outra norma que lhe confira complementação, o único critério jurídico válido e eficaz que demonstra o ponto de incidência da CFEM, configurando a base de cálculo, é a fase do processo de produção mineral anterior ao campo de incidência do Imposto sobre Produtos Industrializados, alternativa esta também prevista no artigo 14, inciso III, do Decreto nº 1/1991.

188 Advirta-se que aqui não se está a sugerir que o DNPM não teria competência para glosar ou investigar débitos em aberto. O que se quer significar é que nenhum processo analítico, com tamanha envergadura, nunca se poderia apoiar em ficções ou presunções sem um estudo concreto particularizado. Pode-se glosar, mas não *pantufar* (com perdão

do neologismo: os franceses usam *pantufler*, isto é, não fazer nada, referindo-se ao servidor que prefere ficar de chinelos em casa a ter de cumprir com zelo seus deveres).

189 Neste sentido, vale a leitura atenta de Leonardo Perrone:

> Se, infatti, si versa in ipotesi di procedimento analitico, le atività dell'amministrazione di controlo, integrazione e rettifica dela dichiarazione, devono essere eventualmente contestati o fatti certi, costituenti imediato elemento di base imponibile (cioè redditi realizzati), ovvero fatti certi costituenti causa necessaria di elemento di base imponibile (ad esempio, svolgimento di una data attività che non può non aver comportato la realizzazione di un dato reddito). Ma non basta, poichè, oltre alla certezza degli elementi positivi del parametro (cespite e sui prodotto quantitativo nel periodo d'imposta), il procedimento analitico esige anche la individuazione specifica e certa dei vari elementi negativi del parametro (spese o perdite), non potendo, quindi, l'ufficio avvalersi di presunzioni nè al fine di determinare la misura (lorda o netta) di un reddito, nè una passività inerente alla produzione di esso.[41]

190 O mais curioso em tudo isso é que nem mesmo em 1937, quando o art. 11 da Constituição era claro ao tratar das leis-quadro e da atividade exuberante do Executivo na produção de conteúdos normativos, nem aí o Governo se arvorava em produzir "complementações" regulamentares tamanhamente largas. É que o art. 11 da CF37, conectado às leis-quadro, abria espaço para a figura do decreto de complementação, mas nem mesmo no tempo da Polaca os decretos do *Führer*-tupiniquim iam tão longe.

191 A discussão sobre o exato momento em que o minério extraído se altera em suas características físico-químicas e em que surge o substrato decorrente dessa transformação põe questões de fato, que exigem apuração, e impede que o produto mineral sofra *tout court* "sua inclusão no campo de incidência do Imposto sobre Produtos Industrializados (IPI)". Ocorre que o minério somente será passível de tributação pelo IPI mais tarde, em fase posterior.

192 Ou seja, quando o minério (ou seu substrato) passa efetivamente a integrar o campo de incidência do IPI (e isso muito depois do momento em que as autoridades do DNPM entendem ocorrer a integração), temos por consequência automática que mais custos serão dedutíveis no cálculo da CFEM.

193 Ora, nos documentos que instruíram a presente consulta recebemos alguns exemplos de planilhas que acompanham os autos de infração, mas, nem por isso, com a devida vênia dos técnicos da administração, conseguimos alcançar as respectivas memórias de cálculo. Isto não faz senão reforçar a necessidade de perícia, antes da imposição de qualquer

---

[41] PERRONE, Leonardo. *Discrezionalità e norma interna nell'imposizione tributaria*. Milano: Giuffrè, 1969. p. 52.

cobrança. Até porque é a partir do contraditório e dos esclarecimentos prestados pelo minerador que a verdade material poderá emergir. Sem que haja clareza do número imposto, menos sentido ainda fará o debate sobre categorias do direito público, que restaram ali mascaradas.

194 Sem embargo dessa evidente realidade, porém, na compreensão do DNPM, chegam a ser deduzidos no cálculo da CFEM apenas os custos de extração e de beneficiamento, até a etapa de extração e moagem do calcário.

195 O que explica o porquê de virem as autuações sempre marcadas por um desencontro temporal — e pelos casos que nos foram apresentados não é difícil concluir — a autoridade administrativa, em regra, analisa os fatos tomando diante de si um insumo industrial e o minério *in natura* (única fase em que pode legalmente incidir a CFEM).

196 Ainda segundo nos foi informado pelo consulente, o exato momento em que o minério perde sua essencial característica e assume a feição de insumo industrial — e isso na maior parte dos casos de interesse do SNIC — é aquele em que se obtém a chamada "farinha" ou "cru", conforme o reconhecem e situam as autoridades da Receita Federal do Brasil. É exatamente o que também decorre da Consulta no Processo Administrativo nº 10768.005970/2010-63, nos seguintes termos:

> Mistura de calcário e argila, podendo conter outras substâncias adicionadas como aditivos, pulverizada, destinada a fabricação de cimento, denominada comercialmente "farinha" ou "cru" classifica-se no código 3824.90.79. da Nomenclatura Comum do Mercosul – NCM Dispositivos Legais: RGI 1 (texto da posição 38.24, Nota 1 do Capítulo 25 e Nota 1 do Capítulo 28) RGI 6 (texto da subposição 3824.90) e RGC-1 (texto do item 3824.90.7 e do subitem 3824.90.79) da TIPI aprovada pelo Decreto nº 6.006, de 2006, com os subsídios das Notas Explicativas do Sistema Harmonizado (NESH), aprovadas pelo Decreto nº 435, de 27 de janeiro de 1992, com versão atual aprovada pela IN SRF nº 807, de 11 de janeiro de 2008.

197 Na Consulta acima ficou claro que o nascimento de um novo produto (código 3824.90.79) ocorre na formação da farinha. Tal solução foi dada por técnicos que possuem dentro de seu rol de atribuições a de aferir a correta classificação fiscal dos produtos submetidos ao IPI.

198 A referida decisão fiscal espancou qualquer dúvida, ao descrever tecnicamente o modo como o processo se desenvolve:

> Processo detalhado de obtenção: as matérias primas, calcário, argila e outros produtos eventualmente adicionados para corrigir a mistura, são colocados em um moinho de bolas onde são transformadas em pó. Um sistema de ventilação arrasta as partículas para um equipamento denominado separador de finos que seleciona o material com granulação adequada, e devolve ao moinho a parte que ainda estiver com granulação grosseira. Este produto com granulação adequada é denominado "farinha" ou "cru".

199 Se por um lado pode ter havido incorreta ou inapropriada dedução de custos, por outro é digno de nota que a possibilidade de *accertamento* dos quantitativos não preclui, e pode assim ser revista mediante diligências e novos cálculos para acuidade dos fatos, a qualquer tempo, pois não há falar em preclusão de tal direito à revisão. Sobretudo porque o correto teria sido tomar em conta todos os custos até o encerramento da produção final da farinha ou cru. Tudo isto levando-se em consideração que a discussão sobre o que se exclui ou não exclui da base de cálculo poderia acabar neutralizada se se admitisse como válida a autuação governamental considerando a CFEM como recaindo sobre o valor de venda do minério beneficiado.

200 Retomando o raciocínio contido no item 164 acima, temos que a CFEM, nesta ficção, só poderia incidir sobre o preço de venda do calcário, pois este é o produto mineral eleito pela matriz constitucional (art. 20, §1º, CF). Consequentemente, o máximo que se poderia aceitar é tomar como base o preço de venda do minério no mercado (como se venda houvesse), e dele deduzir todos os custos até a produção final da farinha ou do cru.

XV

CADUCIDADE POR PEREMPÇÃO *CONTRA ADMINISTRATIONEM* NO CONCERNENTE AOS FATOS E PRESCRIÇÃO DO DIREITO DE COBRAR

201 Conforme já se anotou, a hipótese de incidência da CFEM sobre o consumo de minérios no processo industrial acabou sendo indevidamente criada pelo Poder Executivo por meio de decretos, sendo que estes, para além disso, ainda instilaram falsa suposição de competência nas instâncias inferiores da administração. E estas foram ainda mais longe em termos de sanha arrecadatória, mediante outros atos administrativos (como os que foram expedidos pelo DNPM).

202 Tudo laborado na esteira de inaceitável ficção, processo lógico não permitido em matéria tributária ou administrativa, onde a legalidade, aberta ou cerrada, não defere validade a atos subjetivos ou arbitrários. Ou bem o raciocínio para definição do *quantum debeatur* se apoia na realidade material objetivada, ou teremos ato administrativo viciado quanto aos motivos. Defeito, nos motivos de um ato, ocorre quando a matéria de fato ou de direito é materialmente inexistente ou juridicamente inadequada ao resultado pretendido.

203 E mais: os atos que regulam a cobrança da CFEM, o fazem pela sistemática do autolançamento; e, assim, cabe ao contribuinte o lançamento. Vejamos o que diz a doutrina especializada:

> A CFEM deverá ser lançada mensalmente pelo devedor, em documento próprio contendo a descrição da operação que deu origem ao lançamento, o produto referente ao respectivo cálculo, as parcelas destacadas e a discriminação dos tributos incidentes e das despesas de transporte e de seguro.
> O *sujeito passivo da CFEM deverá preencher, mensalmente, a Ficha de Registro de Apuração da CFEM e arquivá-la no estabelecimento onde a lavra estiver sendo realizada, ficando disponível à fiscalização*. Essa Ficha poderá ser obtida nos Distritos ou na Sede do DNPM e consta do Anexo II da Portaria DNPM 158/99, recuperável no *site* dessa Autarquia na Internet (www.dnpm.gov.br).

O *não preenchimento das Fichas de Registro de Apuração da CFEM ensejará a aplicação de multa ao sujeito passivo da mesma.*⁴²

204 Pior ainda seria dar guarida ao entendimento do DNPM — no enviesado sentido de que o minerador deve aguardar até 20 anos para ter a certeza de que o que pagou está correto ou para saber se será obrigado a complementar o pagamento. Tal imposição ultrapassaria em quatro vezes o prazo quinquenal (previsto no art. 173, inc. I, do CTN, no art. 54 da Lei Federal nº 9.784/99, no Decreto nº 20.910/32 e em tantos outros diplomas).

205 E mais grave: após tantos anos transcorridos, fica impossibilitada uma perícia direta sobre as operações e quantitativos realizados, pois isto frustra o direito subjetivo de se contestar de modo eficaz a "pauta fiscal" que não existe na lei, mas sim na cabeça do censor. E tal batalha é sem fim, arrasta-se sempiternamente, pois o ato normativo do DNPM — a citada Portaria 158 — submete os contribuintes a nada menos que a possibilidade de glosa eterna:

> Art. 3º Os dados constantes das Fichas de que trata esta Portaria estão sujeitos à verificação pelo DNPM, a qualquer tempo, no exercício de sua função fiscalizadora.

206 A considerar-se que o art. 39, §2º, da Lei nº 4.320 não inclui os preços por exploração entre as receitas não tributárias do Estado passíveis de execução privilegiada, tudo indica que, teoricamente, a relação jurídica entre o contribuinte da CFEM e o DNPM deveria ser regida pelo direito privado, e, por conseguinte, pelos mecanismos ordinários da lei processual civil. Até porque, se há uma concessão ou autorização de lavra, a consumação dos direitos correlatos estaria condicionada ao atendimento dos requisitos objetivos lançados na lei.

207 Atendidos tais objetivos, aí sim teríamos o ato negocial da administração com a ordem: me entregue 3% e, a partir deste momento, o que a Constituição diz ser bem da União transmuda-se em bem privado passível de alienação ou exploração. Mas não basta o ato negocial da administração (condição necessária, mas não suficiente), pois se exige que o minério seja efetivamente explorável (donde o cabimento de todas as deduções até ser factível a exploração).

208 É que, a bem da celeridade, a sistemática que se adotou foi a de determinar que o minerador registre e pague por autolançamento. Como se (*als ob*) o ato negocial unilateral estivesse sempre, ainda que tacitamente, presente. Precisamos então entender o que são os *negócios jurídicos* no direito público em geral. Vale transcrever alguns trechos de Oswaldo Aranha Bandeira de Mello:

---

⁴² RIBEIRO. *Direito minerário*: escrito e aplicado, p. 221.

A teoria dos negócios jurídicos, como espécie dos atos jurídicos, é criação dos pandectistas alemães. Posteriormente, foi acolhida por destacados publicistas de língua germânica. Transplantada para a Itália, aí se arraigou, adotada por civilistas e administrativistas. Modernamente, Alessi [...] pretende ser própria dos atos jurídicos privados, apenas. Oferece, destarte, outra sistematização jurídico-administrativa. Sua opinião, entretanto, não encontrou eco expressivo na doutrina. Na França essa classificação dos atos jurídicos não mereceu consideração especial. [...]

Os negócios jurídicos declaratórios de direitos são aqueles pelos quais *se acertam qualidades* ou *estado de* pessoas ou *coisa* e atos ou relações jurídicas, e verifica-se, em consequência, *o asseguramento ou o reconhecimento de direitos*. São, outrossim, denominados atos jurídicos de *acertamento constitutivo*.[43]

209 Sobre o *acertamento constitutivo*, vale a pena verificar o que refere a doutrina italiana atual:

Gli accertamenti costitutivi sono indispensabili per il sorgere della capacità, della situazione o del diritto: anche se i riquisiti preesistono, l'atto formale d'accertamento è richiesto *ad substantiam*.[44]

210 Em suma: os atos negociais da Administração Pública são atos de *acertamento constitutivo*, nos quais os requisitos preexistem e são essenciais para o surgimento da capacidade, da situação jurídica subjetiva ou do direito, mesmo que o ato de constatação (ou de verificação, ou de acertamento) seja exigido *ad substantiam*.

211 É justamente o que aqui está ocorrendo. O minério deixa de ser bem público quando se torna efetivamente aproveitável, e torna-se passível de ser *validamente* aproveitado, quando, num segundo momento, se torna privado pelo recolhimento da CFEM. De toda esta digressão teórica fica fácil perceber que se faz necessário contrastar duas situações no tempo e suas consequências, pois a partir daí o minério "aproveitável de facto" se torna "aproveitável de direito".

212 A obrigação decorrente do art. 20, §1º, da CF/88, portanto, é via de mão dupla. Existe como a Jano Bifronte, pois tem uma cara virada para a administração, que "perde" o minério em troca do fomento ao desenvolvimento, e outra face voltada para o minerador, que precisa liquidar (quitar, adimplir) os valores da compensação, sob pena de se ver como quem tirasse algo da sociedade sem lhe restituir o quinhão que lhe era devido.

---

[43] BANDEIRA DE MELLO, Oswaldo Aranha. *Princípios gerais de direito administrativo*. 2. ed. Rio de Janeiro: Forense, 1979. v. 1 - Introdução, p. 420-421. Cf. VIGNOCCHI, Gustavo. *Gli accertamenti costitutivi nel diritto amministrativo*. Milano: Giuffrè, 1960; e PERINI, Michele M. G. *Osservazioni sull'accertamento costitutivo nel diritto amministrativo*. Padova: Cedam, 1953.

[44] LANDI, Guido; POTENZA, Giuseppe; ITALIA, Vittorio. *Manuale di diritto amministrativo*. 11. ed. Milano: Giuffrè, 1999. p. 235, §160. A partir da 12ª edição, Vittorio Italia encabeça a obra.

XVI

PRESCRIÇÃO E OUTRAS OBJEÇÕES AO DIREITO DE COBRAR

213 Há vários dispositivos legislativos que aspiram ser aplicados para regular a prescrição da cobrança ou execução de "dívidas" no âmbito das relações entre a União e seus contribuinte (ou administrados em geral), bem como da decadência do direito.

214 Tais dispositivos normativos já anteriormente referidos são os seguintes:

Decreto nº 20.910, de 06 de janeiro de 1932
Art. 1º As dívidas passivas da União, dos Estados e dos Municípios, bem assim todo e qualquer direito ou ação contra a Fazenda federal, estadual ou municipal, seja qual for a sua natureza, prescrevem em cinco anos contados da data do ato ou fato do qual se originarem.

Lei nº 5.172, de 25 de outubro de 1966 (CTN)
Art. 174. A ação para a cobrança do crédito tributário prescreve em cinco anos, contados da data da sua constituição definitiva.

Lei nº 9.784, de 29 de janeiro de 1999
Art. 54. O direito da Administração de anular os atos administrativos de que decorram efeitos favoráveis para os destinatários decai em cinco anos, contados da data em que foram praticados, salvo comprovada má-fé.

215 A jurisprudência vai no sentido de que tais prazos são via de mão dupla, até em homenagem à ideia de isonomia entre administração e administrados. Vejamos o que diz o STJ:

Processo Civil e Administrativo – Cobrança de multa pelo Estado – Prescrição – Relação de Direito Público – Crédito de natureza administrativa – Inaplicabilidade do CC e do CTN – Decreto nº 20.910/32 – Princípio da simetria. 1. Se a relação que deu origem ao crédito em cobrança tem assento no Direito Público, não tem aplicação a prescrição constante do Código

Civil. 2. Uma vez que a exigência dos valores cobrados a título de multa tem nascedouro num vínculo de natureza administrativa, não representando, por isso, a exigência de crédito tributário, afasta-se o tratamento da matéria a disciplina jurídica do CTN. 3. Incidência, na espécie, do Decreto nº 20.910/32, porque à Administração Pública, na cobrança de seus créditos, deve-se impor a mesma restrição aplicada ao administrado no que se refere às dívidas passivas daquela. Aplicação do princípio da igualdade, corolário do princípio da simetria. 4. Recurso especial improvido.[45]

Administrativo. Recurso Especial. Multa aplicada pelo Município. Prescrição. Existência de natureza não-tributária. Lapso de prescrição quinquenal. Observância do art. 1º do Decreto nº 20.910/32. Precedentes. Recurso especial conhecido e provido. [...] 2. Todavia, em se tratando da prescrição do direito de a Fazenda Pública executar valor de multa referente a crédito não-tributário, ante a inexistência de regra própria e específica, deve-se aplicar o prazo quinquenal estabelecido no art. 1º. do Decreto nº 20.910/32. 3. De fato, embora destituídas de natureza tributária, as multas impostas, inegavelmente, estão revestidas de natureza pública, e não privada, uma vez que previstas, aplicadas e exigidas pela Administração Pública, que se conduz no regular exercício de sua função estatal, afigurando-se inteiramente legal, razoável e isonômico que o mesmo prazo de prescrição — quinquenal — seja empregado quando a Fazenda Pública seja autora (caso dos autos) ou quando seja ré em ação de cobrança (hipótese estrita prevista no Decreto 20.910/32). Precedentes: REsp nº 860.691/PE, DJ 20.10.2006, Rel. Min. Humberto Martins; REsp nº 840.368/MG, DJ 28.09.2006, Rel. Min. Francisco Falcão; REsp nº 539.187/SC, DJ 03.04.2006, Rel. Min. Denise Arruda. 4. Recurso especial conhecido e provido para o fim de que, observado o lapso quinquenal previsto no Decreto nº 20.910/32, sejam consideradas prescritas as multas administrativas cominadas em 1991 e 1994, nos termos em que pleiteado pelo recorrente.[46]

216 Portanto, independentemente da natureza jurídica da CFEM, temos a prescrição quinquenal, seja pelo direito fiscal, seja por decadência do direito de arranhar a consumação do direito à venda ou utilização dos minérios pós-extração. Tal raciocínio é ainda mais acertado para minérios privados extraídos antes de 1988, quando a condicionalidade da transmutação do originalmente público (*res extra commercium*) em bem privado sequer existia como categoria no nosso direito constitucional.

217 Assim, merecem críticas posturas interpretativas do fisco no sentido de autuar por estimativa valores autolançados, após passados mais de dois lustros de o minerador haver recolhido CFEM em montante que alega o DNPM ser insuficiente. Independentemente da natureza jurídica que se atribua à CFEM (taxa ou preço) há razões de sobra para impor o

---

[45] STJ. REsp nº 623.023/RJ. 2ª Turma. Rel. Min. Eliana Calmon. Julg. 03.11.2005. *DJ*, 14 nov. 2005.
[46] STJ. REsp nº 905.932/RS. 1ª Turma. Rel. Min. José Delgado. Julg. 22.05.2007. *DJ*, 28 jun. 2007.

prazo quinquenal como barramento para a sua cobrança, pois o mesmo se aplica tanto para imposições tributárias quanto para gravames administrativos ou civis impostos pela Administração Pública.

218 Ora, a hipótese de incidência da CFEM sobre o consumo de minérios no processo industrial acabou sendo indevidamente criada pelo Poder Executivo, por meio de Decreto, e por atos administrativos expedidos pelo DNPM. Essa nova incidência tratou de tentar definir o *quantum debeatur* por meio de complicadíssimo raciocínio desenvolvido a partir da falsa premissa de que consumo equivale a venda para efeito de incidência da CFEM.

219 Já não bastasse ser sinuoso e obscuro o caminho engendrado para a cobrança de CFEM em hipótese deste jaez, os atos administrativos que regulam a cobrança seguiram a fórmula (quase que consagrada mundialmente) para a cobrança de tributos: instituíram o autolançamento da CFEM: caberia então ao próprio contribuinte apurar e recolher o montante devido a partir das informações que ele mesmo colaciona no boletim de registro de minérios.

220 Qual a segurança do contribuinte ao autolançar para depois aguardar eternamente pela glosa administrativa? Jamais se poderia impor ao contribuinte que tenha de aguardar até 20 anos para ter a certeza de que o que pagou está correto ou se será obrigado a complementar o pagamento já efetuado.

221 De fato, o autolançamento da CFEM é a mais fiel demonstração da presença da "espada de Dâmocles" a pender sobre a cabeça do sujeito passivo até o momento em que o titular do direito à arrecadação da CFEM (o DNPM) apresente-se para conferir se o que foi antecipado pelo contribuinte está de acordo com a confusa metodologia de apuração concebida no interior das repartições públicas. Ocorre que os aspectos da materialidade tributária (ou administrativa dos elementos para a fixação do montante da cobrança de natureza civil), criados por ato regulamentar infralegal, são tão instáveis e tênues quanto a "crina de cavalo" que amarra a espada.

222 E em nome da preservação da arrecadação da CFEM e do interesse público, para instalar a "espada de Dâmocles" sobre a cabeça do contribuinte, não se mediram esforços para afastar a CFEM do campo do Direito Tributário para tentar aproximá-la do Direito Civil, e com isto, percorrendo uma ainda mais sinuosa via de raciocínio, tenta-se convencer os julgadores de que a questão da prescrição do direito de se exigir a CFEM estaria regida pelo Código Civil e não pelas leis tributárias.

223 Como a CFEM é cobrada pela sistemática do autolançamento, vale ouvir o escólio de Estevão Hovarth sobre "privatização da gestão tributária":

Valemo-nos de Ramón Ruiz Garcia para traçar um breve e elucidativo escorço histórico, para demonstrar que o auto lançamento era parte essencial do processo de gestão no sistema tributário norte-americano, enquanto nos sistemas europeus a participação do sujeito passivo ficava relegada a um segundo lugar. Essa diferença, ainda segundo este autor, noutros tempos tão nítida, tende a desaparecer mercê da expansão que, em especial após a Segunda Guerra Mundial, alcançou o autolançamento também nos sistemas tributários europeus. Fala-nos, ainda, que a difusão alcançada pelo autolançamento na generalidade dos ordenamentos induz a falar de uma "privatização da gestão tributária".[47]

224 O referido jurista mostra toda a hesitação da doutrina em aceitar que o particular fosse capaz de participar do ato de lançamento, arguindo-se, frequentemente, tratar-se de ato vinculado, de exclusiva competência da Administração. Após anotar a opinião do não menos ilustre jurista Alberto Xavier, prossegue Estevão Horvarth:

> Todavia, nada impede a existência do nosso lançamento por homologação, desde que se entenda, como faz Oswaldo Aranha Bandeira de Mello, que o mesmo controla inclusive atos de particulares. Deveras, ensina o mestre citado que o ato administrativo de homologação "diz respeito a atos dos particulares, de órgãos da mesma pessoa jurídica de direito público ou de outra pessoa de direito público". Tem o caráter de *referendum* ao ato controlado e só se processa depois da sua emanação, pois só após ele se pode verificar da sua satisfação às exigências legais.
> Nessa linha de raciocínio, podemos concluir que o ato administrativo da homologação, nesse tipo de lançamento que aqui tratamos, faz o controle final dos atos praticados pelo contribuinte.
> Deveras, se, em tempo hábil, a Administração efetivar o lançamento por homologação de forma expressa, entendendo correto o procedimento, ela estará, na realidade, outorgando ao sujeito passivo a quitação do "pagamento antecipado" do tributo por aquele efetuado em cumprimento da lei que assim determinou.[48]

225 Ao referir-se a "tempo hábil", Estevão Hovarth pretende lembrar a todos que se a Administração transfere ao particular obrigação que primitivamente é sua (de apurar e quantificar o tributo), não pode escudar-se na sua omissão e inculpar o particular. O silêncio da Administração, a respeito dos cálculos e do recolhimento efetuados *a priori* pelo particular produz efeitos jurídicos incontornáveis, em prol da preservação do princípio da segurança jurídica.

---

[47] HORVATH, Estevão. *Lançamento tributário e "autolançamento"*. 2. ed. São Paulo: Quartier Latin, 2010. p. 164.
[48] HORVATH. *Lançamento tributário e "autolançamento"*, p. 168.

226 É até possível aceitar a ideia de que a CFEM não tenha natureza tributária. Não dá para aceitar, no entanto, a falaciosa argumentação de que não se aplicaria o prazo quinquenal para homologação daquilo que, em termos de recolhimento, antecipou o administrado/contribuinte. A obediência ao prazo prescricional quinquenal decorre de expressa disposição legal: a Lei Federal nº 9.783/99, que assim estabelece:

> Art. 1º Prescreve em cinco anos a ação punitiva da Administração Pública Federal, direta e indireta, no exercício do poder de polícia, objetivando apurar infração à legislação em vigor, contados da data da prática do ato ou, no caso de infração permanente ou continuada, do dia em que tiver cessado. [...]
> Art. 5º O disposto nesta Lei não se aplica às infrações de natureza funcional e aos processos e procedimentos de natureza tributária.

227 A não ser que se demonstre que o DNPM não faça parte da Administração Pública Federal ou de que, ainda que faça parte, não está aquele órgão obrigado a obedecer a determinação do legislador, falar-se em prescrição vintenária ou decenária não faz qualquer sentido. Maiormente após a alteração do Código Civil em que nem mesmo a *prescriptio longi temporis* alcança tamanha monta. Tampouco faz sentido a distinção entre cobrança de multa ou de créditos de CFEM ou TAH a que alude o Parecer Proge nº 564/2007 – RMP, do DNPM (aceitando a prescrição quinquenal para atividade sancionatória com imposição de multa), cuja compreensão trespassa a ficção jurídica imposta no art. 103, §3º, do CTN.

228 Teremos em todas as hipóteses ora descritas a inafastável preclusão administrativa do direito de a administração glosar os lançamentos promovidos pelo minerador.

229 E mais: cobrar mais em momento posterior, como foi feito, pode mesmo matar a viabilidade econômica da exploração efetuada pelo minerador. Dito de outro modo: acaso soubesse da possibilidade de o DNPM "grafar" arbitrariamente, talvez tivesse o extrator optado por não explorar o minério (razão por que pode até acabar sendo constrangido a pagar, mas jamais voltará a confiar na boa-fé do Governo e de seus gestores).

230 Pois bem, nessa visão de conjunto se alcança a correta interpretação que decorre do regime geral da legislação administrativa. Ocorre, porém, que a sanha arrecadatória governamental foi ainda mais longe. A União promoveu uma série de alterações no regime prescricional e decadencial para fins de forçar uma nova jurisprudência, específica sobre a cobrança das receitas patrimoniais. Vejamos o emblemático acórdão de relatoria do notável Ministro Mauro Campbell:

> Processual Civil. Execução fiscal para cobrança de receita patrimonial. Prescrição. Não-ocorrência. 1. O Supremo Tribunal Federal firmou sua jurisprudência no sentido de que a Compensação Financeira pela Exploração

de Recursos Minerais possui natureza jurídica de receita patrimonial, conforme evidenciam os seguintes precedentes: MS 24.312/DF, Plenário, Rel. Min. Ellen Gracie, DJ de 19.12.2003, p. 50; RE 228.800/DF, 1ª Turma, Rel. Min. Sepúlveda Pertence, DJ de 16.11.2001, p. 21; AI 453.025/DF, 2ª Turma, Rel. Min. Gilmar Mendes, DJ de 09.06.2006, p. 28. 2. De acordo com o art. 47 da Lei 9.636, de 15 de maio de 1998, em sua redação original, prescrevia em cinco anos os débitos para com a Fazenda Nacional decorrentes de receitas patrimoniais. A partir de então, havia quem defendesse que essa regra deveria ser aplicada aos créditos referentes à Compensação Financeira pela Exploração de Recursos Minerais, muito embora algumas posições em contrário defendiam, ainda, a aplicação dos prazos do Código Civil, sob o entendimento de que não se podia aplicar o prazo previsto na Lei 9.636/98 diante da referência expressa à receita patrimonial da "Fazenda Nacional". O supracitado art. 47 foi alterado pela Medida Provisória 1.787, de 29 de dezembro de 1998, e sucessivas reedições, e também pela Medida Provisória 1.856-7, de 27 de julho de 1999, que veio a ser convertida na Lei 9.821, de 23 de agosto de 1999. Foi acrescentada a previsão de prazo decadencial de 5 (cinco) anos para a constituição de créditos originados de receitas patrimoniais, mantido o prazo prescricional em 5 (cinco) anos, além do que eliminou-se a referência à Fazenda Nacional. A eliminação da locução "Fazenda Nacional" teve por efeito uniformizar o entendimento de que se estenderia a todos os órgãos e entidades da Administração Pública a regra do referido artigo 47, quanto aos créditos oriundos de receitas patrimoniais. Sobreveio a Medida Provisória 152, de 23 de dezembro de 2003, convertida na Lei 10.852, de 29 de março de 2004, que deu nova redação ao caput do retromencionado art. 47 da Lei 9.636/98. Com essa nova alteração, aumentou-se o prazo decadencial para 10 (dez) anos, permanecendo o prazo prescricional em 5 (cinco) anos. No caso concreto, não ocorreu a prescrição, contado o respectivo prazo quinquenal a partir do lançamento. 3. Recurso especial parcialmente provido para, afastada a prescrição, determinar ao juiz da execução que prossiga no julgamento da causa.[49]

231 A dicção atual do art. 47 da Lei Federal nº 9.636/98 é a seguinte:

Art. 47. O crédito originado de receita patrimonial será submetido aos seguintes prazos: (*Redação dada pela Lei nº 10.852, de 2004*)

I - decadencial de dez anos para sua constituição, mediante lançamento; e (*Incluído pela Lei nº 10.852, de 2004*)

II - prescricional de cinco anos para sua exigência, contados do lançamento. (*Incluído pela Lei nº 10.852, de 2004*)

232 Tais alterações casuísticas devem ser analisadas a partir dos ditames do art. 106, inciso I, do CTN, lido *a contrario sensu*:

---

[49] STJ. REsp nº 1.179.282/RS. 2ª Turma. Rel. Min. Mauro Campbell Marques. Julg. 26.08.2010. *DJe*, 30 set. 2010.

Art. 106. A lei aplica-se a ato ou fato pretérito:
I - em qualquer caso, quando seja expressamente interpretativa, excluída a aplicação de penalidade à infração dos dispositivos interpretados.

233 O tema de fundo neste ponto não é novo, pois se refere à incidência de regras intertemporais constitutivas.

234 O STJ já o analisou quando sua Corte Especial declarou a inconstitucionalidade da segunda parte do art. 4º da Lei Complementar nº 118/2005.[50] Ali se debatia a possibilidade de efeitos retroativos de nova interpretação, o que não foi aceito quando a norma legal — sob a capa de ser regra de hermenêutica — possuísse efeitos constitutivos. Não é demais lembrar, que o STF endossou a mesmíssima tese.

235 Mais ainda, portanto, no presente caso, quando a norma alberga novo termo para a decadência. Isto porque a decadência aniquila o fundo do direito e não se suspende nem se interrompe. Se é certo que a lei não prejudicará o direito adquirido nem o ato jurídico perfeito, não é cabível que esta lei possa validamente arranhar o termo decadencial, que existe como garantia do contribuinte e não como prazo orgânico para o exercício das competências administrativas.

236 Vale dizer: jamais se poderia admitir retroatividade no alcance governamental de débitos já recobertos pelo sólido manto decadencial, ou em vias de se lhes consagrar tal efeito. Trazendo tudo isso para o presente caso, não é difícil concluir que o correto entendimento vai no sentido de que jamais se poderia aplicar aos prazos em curso a nova decadência decenal, posto tratar-se de prazo legal conectado ao direito material e não meramente procedimental.

237 Assim, em relação a todos os fatos geradores de CFEM, autolançados até 28 de março de 2004 (véspera da publicação da Lei Federal nº 10.852), não poderão ser glosados após 28 de março 2009. Isto porque os mesmos fundamentos que levaram a Corte Especial do STJ a declarar inconstitucional o art. 4º, parte final, da Lei Complementar nº 118, levarão à conclusão inafastável da mesma consequência para o art. 2º da Lei Federal nº 10.852, de 29 de março de 2004:

> Art. 2º Esta Lei entra em vigor na data da sua publicação, *aplicando-se aos prazos em curso para constituição de créditos originários de receita patrimonial.* (grifos nossos)

238 A contagem dos prazos de decadência *vis-à-vis* dos fatos precisa ser feita com cautela. O precedente jurisprudencial mais preciso é da

---
[50] Cf. STJ. AI nos EREsp nº 644.736/PE, Corte Especial. Rel. Min. Teori Albino Zavascki. Julg. 06.06.2007. *DJ*, 27 ago. 2007.

lavra do então Ministro Luiz Fux, então integrante do STJ,[51] que tratava de cobrança de taxa de ocupação de terrenos de marinha, e é perfeitamente aplicável em sua sistemática para a cobrança de CFEM.[52] Cada caso concreto precisará de análise específica, mas não deixamos de apresentar um quadro que pode auxiliar no estudo das hipóteses futuras que venham a surgir:

CFEM Autolançada	Glosados pelo DNPM	Prazo
Até 28.03.2004	Já decaíram os que não foram lançados até 28.03.2009.	5 anos pela regra geral do CTN ou leg. administrativa.
Em 29.03.2004	O prazo máximo para glosa é 29.03.2014.	10 anos pela Lei nº 10.852, de 29.03.04.

---

[51] Cf. STJ. REsp nº 1.133.696/PE. 1ª Seção. Rel. Min. Luiz Fux. Julg. 13.12.2010. *DJe*, 17 dez. 2010.
[52] No mesmo sentido, por exemplo, a Ação Ordinária nº 37849-67.2012.4.01.3800 da 13ª Vara Federal Cível de Minas Gerais, Juíza Natália Floripes Diniz, sentença de 18.10.2012.

XVII

SUCESSÃO NO PAGAMENTO A MENOR DE OBRIGAÇÃO *OB REM* POR ADQUIRENTE DE BENS OU DIREITOS MINERÁRIOS

239 O último questionamento que nos é colocado trata da possibilidade de se imputar débito pretérito ao novo adquirente dos direitos minerários. É que as autoridades públicas efetivamente visualizam a mina como um negócio, e imputam responsabilidade ao titular novo da mina em momento presente, por pagamentos que teriam sido efetivados a menor no passado. Abstraímos aqui aspectos societários, e vamos analisar a situação em que a sucessão implica efetiva transferência da titularidade dos direitos minerários (e não figuras como fusão ou incorporação de pessoas jurídicas sem a transferência da concessão minerária).

240 Assim, partindo-se do pressuposto de que temos transferência no tempo dos direitos minerários, devemos perscrutar sobre a existência ou não de obrigações *propter rem* ou *ob rem*, que são aquelas que seguem a coisa independentemente da vontade do antigo ou do novo titular de um direito real.

Vale lembrar que os títulos de direitos minerários têm, todos eles, a natureza jurídica de concessão de direito real de uso. Portanto, se a lei admite a utilização da propriedade minerária para a prática de lavra sob os títulos de autorização de pesquisa mediante o porte de Guia de Utilização, de concessão de lavra, de registro de licença, de permissão de lavra garimpeira e de registro de extração, todos são concessões de direito real de uso da propriedade minerária para fins de lavra, ou, simplificadamente, concessão de lavra.[53]

241 Assim, o tema das obrigações *propter rem*, na condição de fenômeno jurídico, possui total relação com o aqui estudado. Cabe, todavia, demonstrar se existe ou não pertinência em considerarem-se débitos

---

[53] RIBEIRO. *Direito minerário*: escrito e aplicado, p. 305.

efetivamente abertos de CFEM (por pagamento a menor antes da sucessão da titularidade da mesma mina) como obrigações decorrentes da concessão de direito real transmitida. Vamos aqui demonstrar que não, que as obrigações do passado não podem ser opostas ou cobradas do novo titular, até porque em direito público a transmissão ou substituição de sujeitos depende, em regra, de imposição legal.

242 A maioria dos textos jurídicos que estudam as obrigações *propter rem* o az numa perspectiva civilista, que auxilia mas não resolve integralmente os temas aqui debatidos. Segundo o professor Paulo Carneiro Maia:

> As obrigações *propter rem*, também chamadas *ob rem* ou ônus reais, configuram direitos mistos e constituem verdadeiro *tertium genus* que revela a existência de direitos que não são puramente reais nem essencialmente obrigacionais. Destinam-se a tutelar relações em conflito dos *jura vicinitatis*. É aceitável, pelos traços diferenciais com as demais, que elas sejam o resultado de composição técnica ou mesmo de transigência entre os dois tipos extremos de direito real e do direito obrigacional, com o escopo de qualificar as figuras ambíguas que participam tanto de um quanto de outro.[54]

243 É que os civilistas estudam as obrigações *propter rem* nas zonas limítrofes entre direito real e direito obrigacional. As relações de direito real decorrem da coisa e geram sujeição passiva universal, com o *telos* de sobreviverem eternamente (até se tornarem bens de mão-morta). Já as relações obrigacionais decorrem da vontade e seu fim é extinguirem-se pelo adimplemento. Um dos temas que mais se discutem em direito privado é justamente se haveria tipicidade inerente a relações *propter rem* nas relações civilísticas. Vejamos o que diz José Oliveira Ascensão:

> [...] às situações jurídicas *propter rem* em sentido estrito contrapõem-se as relações jurídicas reais ou *propter rem*, que delas se distinguem por, quer a posição activa, quer a posição passiva, estarem integradas em direito reais cujo conflito resolvem. Estarão elas também sujeitas a uma tipicidade taxativa?[55]

244 O que Ascensão vislumbrava no passado, hoje é jurisprudência assente em muitos países, por exemplo:

> Le obbligazioni "propter rem" — nella specie adesione al consorzio di urbanizzazione all'atto dell'acquisto dell'immobile ricadente nel consorzio — sono caratterizzate dal requisito della tipicità, con la conseguenza che esse possono sorgere per contratto solo nei casi e col contenuto espressamente previsti dalla legge. (Cass. civ., II, 4.12.2007 n. 25289)

---

[54] Cf. MAIA, Paulo Carneiro. Obrigações *propter rem*. Revista dos Tribunais, v. 51, n. 315, p. 455-465, jan. 1962.
[55] ASCENSÃO, José de Oliveira. *A tipicidade dos direitos reais*. Lisboa: Petrony, 1968. p. 319.

245 Caio Mario da Silva Pereira situa a "*obligatio propter rem* no plano de um obrigação acessória mista", entendendo que "somente encorpa-se quando é acessória a uma relação jurídico-real ou se objetiva numa prestação devida ao titular do direito real, nesta qualidade (*ambulat cum domino*)".[56] Por esta razão todo o debate sobre ser *ou* instituto de direito obrigacional (ou creditório) *ou* de direito real (ou das coisas), pelo simples fato de que é um direito ambulatório. E por evidente devemos aqui apelar para a separação entre o dever de pagar e a submissão do devedor ao balizamento pelo credor:

> [...] en faisant appel à l'idée romaine et germanique de décomposition de l'obligation en deux éléments: le devoir qui est la satisfaction que le débiteur doit au créancier, l'engagement qui est la soumission du débiteur à la maîtrise du créancier.[57]

246 Partindo destas premissas acima, fica fácil concluir que a obrigação de suplementar eventuais débitos de CFEM recolhidos a menor decorrem da coisa, mas não se transmitem ao novo titular do direito minerário. Seja porque estamos diante de relação de direito público, em que a tipicidade é uma imposição absoluta (e não admite nem os questionamentos feitos por Ascensão), seja porque o antigo titular já estava em mora ao declarar-se devedor em valor autolançado a menor, seja, ainda, porque não há tipo legal prevendo a execução do bem como meio de garantir o pagamento (tal como ocorre no IPTU). De mais a mais, é ilícita a postura do antecessor de declarar a menor e falsificar os dados no boletim de registro de minérios.

247 Se já havia mora do devedor, portanto, não pode transmitir-se a obrigação seja ela, ou não, qualificada como *propter rem*. "Obriga-se o antigo proprietário pelos danos que a mora produzir de natureza pessoal. Por ser uma obrigação pessoal não se transmite essa obrigação com a propriedade do bem".[58] Mesmo porque a solidariedade entre o antigo e o novo titular não se presume, e só poderia resultar da lei ou da vontade das partes, conforme cláusula geral inserida no art. 265 do Código Civil de 2002 (que repete o art. 896 do CC/16).

248 Assim, o DNPM somente poderia voltar-se contra o antigo titular para cobrar débitos do passado relativos ao período em que lhe pertenceu a titularidade da concessão de direito real de uso, e nunca contra o novo titular dos direitos minerários. Nada impede que na negociação (regida

---

[56] PEREIRA, Caio Mário da Silva. *Instituições de direito civil*. 25. ed. rev. e atual. por Guilherme Calmon Nogueira da Gama. Rio de Janeiro: Forense, 2012. v. 2 - Teoria geral das obrigações, p. 40.

[57] ROLAND, Henri; BOYER, Laurent. *Locutions latines du droit français*. 4ᵉ éd. Paris: Litec, 1998. p. 388.

[58] VERECHIA, Heleno. *Obrigações propter rem no Código Civil*. 2004. Tese (Doutorado em Direito)– Pontifícia Universidade Católica de São Paulo, São Paulo, 2004. p. 79.

pelo direito civil ou pelo direito comercial) entre o antigo e o novo titular tenha havido debate sobre eventuais autuações do passado (ou futuras a partir de autolançamentos pretéritos que se viessem a considerar como que promovidos a menor), sendo certo que neste caso, a vontade das partes não será oponível ao fisco, embora gere direito de regresso para quem for cobrado e tiver contratualmente o direito de se ressarcir.

249 Como dito, grande parte das dificuldades de visualizar com clareza direitos ou deveres de índole pública decorrentes de relações de direito real, se deve ao fato de que toda a doutrina é civilista e não de direito público. Ademais, nem se deveria falar em obrigação *propter rem*, mas sim em *créditos propter rem*. O que releva saber é se há o crédito e se é possível alterar o sujeito passivo da obrigação após o *accertamento* e em seguida *executar* o valor. Se não houver possibilidade de execução, estaremos diante de *obrigação natural* (concordam até mesmo Windscheid e Muther que "se llame a la *obligatio naturalis* un derecho sin acción").[59]

250 Assim, no presente caso, ao que tudo indica a CFEM do passado não cobrada ou liquidada de modo insuficiente não se transmite ao novo titular, pois: (a) não existe previsão legal neste sentido; (b) se houve autuação é porque existe ilicitude qualificando o lançamento a menor no passado; e (c) haverá retroatividade da cobrança com juros e multa no caso de irregularidade no autolançamento, o que comprova a preexistência da obrigação, sendo certo que pelas "obrigações" *propter rem* transmitem-se apenas consectários de direitos reais e não obrigações decorrentes de atos de vontade.

---

[59] WINDSCHEID, Bernhard; MUTHER, Theodor. *Polemica sobre la "actio"*. Traducción de Tomas A. Banzhaf. Buenos Aires: Europa-América, 1974. p. 315.

CONCLUSÕES

251 Após todas as considerações acima, podemos responder aos questionamentos formulados, de modo rápido e direto:

a) Os consulentes devem orientar suas defesas, judiciais ou administrativas, tomando em consideração que a CFEM é majoritariamente tratada como preço público (infelizmente sem que as Cortes tenham se aprofundado na análise da sua natureza jurídica). Não existe, do ponto de vista constitucional ou legal, critério jurídico único que possa apartar em definitivo a presença de outras naturezas jurídicas possíveis (imposto, taxa ou contribuição). O relevante, todavia, é que nem a administração pública, nem o Poder Judiciário poderão validamente utilizar a opção pelo regime de preço público para impor cobranças que ultrapassem a ideia de compensação nos limites traçados em lei. E isto assim é porque a voz "preço público" não induz automaticamente a adesão a algum tipo de contrato, ou negócio jurídico ou ato bilateral entre o minerador e a administração (como se o minerador tivesse aceitado ver-se sujeitado a tal gravame, de modo juridicamente inoperante e abstruso). Portanto, sendo ou não compulsória a exação, o contribuinte tem direito a que seja respeitado seu estatuto jurídico, inafastável o dever do Fisco de provar fatos, sem presunções.

b) A administração pública responsável pela arrecadação da CFEM promoveu abusos de regulamentação. Não faz o menor sentido fático nem jurídico equiparar a utilização do minério à sua saída jurídica do estabelecimento. Não há no ordenamento jurídico disposição que permita a incidência da CFEM sobre venda de produto industrializado a partir do minério. Isto significa que o DNPM nada pode exigir a título de CFEM das Consulentes, muito menos cogitar de glosar diferenças que julga existirem.

c) Não há razão, nem norma, que possa dar sustentáculo a um direito eterno de glosar e cobrar pretensos débitos de CFEM. O prazo aplicável para a revisão de atos comissivos ou tácitos da administração decai em cinco anos contados do autolançamento. A nova normatividade que imputa decadência em dez anos refoge à regra geral e não pode ter aplicação retroativa, sendo cogente até que o STF ou o Plenário do STJ ou TRFs (art. 97 da CF) afaste sua incidência por inconstitucionalidade.

d) Mesmo que houvesse permissão para cobrar CFEM na venda de produto industrializado a partir do minério, o minerador poderá deduzir da base de cálculo da CFEM todos os custos, sem o que estaria pagando compensação sobre insumos da sua produção, o que refoge à ideia de compensação. O minerador que extrai os minérios para utilização em sua produção local não é sujeito passivo de CFEM, pois não promove o faturamento do produto mineral (que seria a única hipótese de incidência prevista na legislação em vigor). Mais grave ainda seria fazer a CFEM incidir sobre o valor do produto final. No caso específico da produção de cimento, hão de ser deduzidos todos os custos até a fabricação da farinha.

e) Demais disso, o minerador tem o direito de deduzir do cálculo da CFEM os tributos incidentes sobre venda: o PIS, a COFINS e o ICMS.

f) A suposta obrigação de suplementar pagamentos de CFEM que se pretende impor a terceiros, que não o extrator do minério, não é obrigação *propter rem*, que deva seguir a coisa. Qualquer trespasse de responsabilidade a esse título perante a administração pública dependerá de ato volitivo de quem se confesse devedor, pois estamos diante de obrigação pré-existente e decursiva de ato irregular, o que afasta a ambulatoriedade do dever de pagar a CFEM, eis que a compra do minério, à míngua de dispositivo legal neste sentido, não dá causa à transposição da sujeição passiva.

É a nossa opinião, *s.m.j.*

São Paulo, 06 de maio de 2013.

POSFÁCIO

NOVOS DESAFIOS À CFEM

A Constituição Federal de 1988 trouxe importante alteração em matéria de exploração mineral: classificando os recursos minerais, inclusive os do subsolo, como bens da União, o constituinte assegurou aos Estados, ao Distrito Federal e aos Municípios, bem como a órgãos da administração direta da União, a participação no resultado da exploração ou compensação financeira por essa exploração.

Foi então criada Compensação Financeira sobre Exploração Mineral (CFEM), que passou a ser exigida pelo Departamento Nacional de Produção Mineral, contraprestação ou exação que, a despeito de ser denominada compensação financeira, configura participação no resultado da exploração, porquanto sobre o preço de venda do minério é calculada.

E nestes cinco lustros de vigência da Carta não foram poucos os debates sobre a natureza jurídica desta cobrança, muitos enxergando na CFEM índole eminentemente tributária, a par de sua denominação e a localização topográfica na CF/88. Outros, no entanto, vislumbraram a presença de figura diversa: a cobrança de um preço público decorrente de relações regidas pelo Direito das Obrigações (autoriza-se a exploração em troca do pagamento de um preço).

A controvérsia sobre a natureza da cobrança chegou ao Supremo Tribunal Federal, que em uma decisão de uma de suas Turmas, afirmou que a CFEM não teria natureza tributária, sendo a exigência autêntico preço público. Este único julgado da Suprema Corte, correto ou não, não parece ser rico em termos de debate e fundamentação. E por isto mesmo é que se apressaram as autoridades do DNPM em exercer o seu poder de cobrança de forma desmesurada, quer calculando a CFEM a partir de subjetivismos e casuísmos, quer "forçando" um viés civilista à cobrança a ponto de permitir imposições que se reportam a fatos ocorridos há mais de dez anos. O resultado disto é a criação de contingências de elevado valor às empresas exploradoras desta riqueza (que é provavelmente a maior fonte de divisas para o país em termos de exportação).

A particular situação das empresas produtoras de cimento levou o Sindicato Nacional das Indústrias do Cimento (SNIC) a buscar apoio científico do ponto de vista jurídico para suas preocupações, culminando na solicitação de parecer dos Professores José Antonio de Andrade Martins e Georghio Alessandro Tomelin, profundos conhecedores do Direito Tributário e do Direito Administrativo.

Os insignes Professores foram além da simples produção de um parecer. Conceberam uma autêntica obra jurídica, com inigualável rigor científico, na qual além de revisitarem a questão da natureza jurídica da CFEM (mostrando que, sem embargo do que já se decidiu no STF, a cobrança tem "cara" e forma de tributo), trouxeram intensa luz sobre as questões pouco refletidas sobre a cobrança da CFEM: o prazo para se implementar a exigência, a observância de critérios objetivos para o seu cálculo, a necessidade de observância do primado da legalidade (para permitir que a cobrança recaia sobre o preço de venda do minério e não do produto produzido a partir do minério), etc.

Trata-se de obra de fôlego, desprovida de viés ideológico e impregnada de técnica jurídica, que em boa hora traz aos advogados, magistrados e estudantes que se debruçam sobre a matéria uma nova e inédita reflexão capaz de orientar as lides e pacificar os conflitos.

Eduardo Ricca
Advogado Tributarista.

REFERÊNCIAS

AMORIM FILHO, Agnelo. Critério científico para distinguir a prescrição da decadência e para identificar as ações imprescritíveis. *Revista dos Tribunais*, v. 49, n. 300, p. 7-37, out. 1960.

ASCENSÃO, José de Oliveira. *A tipicidade dos direitos reais*. Lisboa: Petrony, 1968.

ATALIBA, Geraldo. *Estudos e pareceres de direito tributário*. São Paulo: Revista dos Tribunais, 1980. v. 3.

ATALIBA, Geraldo. Liberdade e poder regulamentar. *Revista de Informação Legislativa*, v. 17, n. 66, p. 45-74, abr./jun. 1980.

ÁVILA, Humberto. *Sistema constitucional tributário*. 5. ed. São Paulo: Saraiva, 2012.

BANDEIRA DE MELLO, Celso Antônio. Incentivo fiscal: impossibilidade de ato administrativo fraudar-lhe o sentido e sobrepor-se à supremacia da lei: princípios da lealdade e boa fé. *Revista Trimestral de Direito Público – RTDP*, n. 57, p. 185-194, 2012. Parecer.

BANDEIRA DE MELLO, Celso Antônio. Segurança jurídica, boa-fé e confiança legítima. In: BENEVIDES, Maria Victoria de Mesquita; BERCOVICI, Gilberto; MELO, Claudineu de (Org.). *Direitos humanos, democracia e república*: homenagem a Fábio Konder Comparato. São Paulo: Quartier Latin, 2009.

BANDEIRA DE MELLO, Oswaldo Aranha. *Princípios gerais de direito administrativo*. 2. ed. Rio de Janeiro: Forense, 1979. v. 1 - Introdução.

BECHO, Renato Lopes. *Lições de direito tributário*: teoria geral e constitucional. 2. ed. São Paulo: Saraiva, 2014.

CARRAZZA, Roque Antônio. Natureza jurídica da "compensação financeira pela exploração de recursos minerais": sua manifesta inconstitucionalidade. *Justitia*, v. 57, n. 171, p. 88-116, jul./set. 1995.

CORDEIRO, António Manuel da Rocha e Menezes. *Da boa fé no direito civil*. Coimbra: Almedina, 1984.

DEL FEDERICO, Lorenzo. *Tasse, tributi paracommutativi e prezzi pubblici*. Torino: Giappichelli, 2000.

DÓRIA, Antonio Roberto Sampaio. *Discriminação de rendas tributárias*. São Paulo: J. Bushatsky, 1972.

FEIGELSON, Bruno. *Curso de direito minerário*. São Paulo: Saraiva, 2012.

FORSTHOFF, Ernst. *Lehrbuch des Verwaltungsrechts*. 3. Aufl. München: Beck, 1953. Bd. 1 - Allgemeiner Teil.

GONZÁLEZ PÉREZ, Jesús. *El principio general de la buena fe en el derecho administrativo*. 3. ed. Madrid: Civitas, 1999.

HEGENBERG, Leônidas. *Saber De e Saber Que*: alicerces da racionalidade. Petrópolis: Vozes, 2002.

HORVATH, Estevão. *Lançamento tributário e "autolançamento"*. 2. ed. São Paulo: Quartier Latin, 2010.

JÈZE, Gaston. Le fait générateur de l'impôt. *Revue du Droit Public et de la Science Politique en France et a l'etranger*, v. 44, n. 54, p. 618-634, 1937.

JÈZE, Gaston. O fato gerador do imposto: contribuição à teoria do crédito de imposto. *Revista de Direito Administrativo – RDA*, v. 2, n. 1, p. 50-63, jul. 1945.

LANDI, Guido; POTENZA, Giuseppe; ITALIA, Vittorio. *Manuale di diritto amministrativo*. 11. ed. Milano: Giuffrè, 1999.

MAIA, Paulo Carneiro. Obrigações *propter rem*. *Revista dos Tribunais*, v. 51, n. 315, p. 455-465, jan. 1962.

MARTINS, José Antônio de Andrade. Compensação tributária autônoma e direito sumular. In: ROCHA, Valdir de Oliveira (Coord.). *Problemas de processo judicial tributário*. São Paulo: Dialética, 1999. v. 3.

MERKL, Adolfo. *Teoría general del derecho administrativo*. Granada: Editorial Comares, 2004.

MÜLLER, Friedrich. *Métodos de trabalho do direito constitucional*. Tradução de Peter Naumann. Porto Alegre: Síntese, 1999.

MÜLLER, Friedrich. *Syntagma*: verfasstes Recht, verfasste Gesellschaft, verfasste Sprache im Horizont von Zeit. Berlin: Duncker & Humblot, 2012.

PEREIRA, Caio Mário da Silva. *Instituições de direito civil*. 25. ed. rev. e atual. por Guilherme Calmon Nogueira da Gama. Rio de Janeiro: Forense, 2012. v. 2 - Teoria geral das obrigações.

PERINI, Michele M. G. *Osservazioni sull'accertamento costitutivo nel diritto amministrativo*. Padova: Cedam, 1953.

PERRONE, Leonardo. *Discrezionalità e norma interna nell'imposizione tributaria*. Milano: Giuffrè, 1969.

PUGLIATTI, Salvatore. *Il trasferimento delle situazioni soggettive*. Milano: Giuffrè, 1964.

RIBEIRO, Carlos Luiz. *Direito minerário*: escrito e aplicado. Belo Horizonte: Del Rey, 2006.

ROLAND, Henri; BOYER, Laurent. *Locutions latines du droit français*. 4ᵉ éd. Paris: Litec, 1998.

ROUBIER, Paul. *Théorie générale du droit*: histoire des doctrines juridiques et philosophie des valeurs sociales. 2ᵉ éd. Paris: Dalloz, 2005.

SILVA, José Afonso da. *Comentário contextual à Constituição*. São Paulo: Malheiros, 2005.

SOUZA, Marcelo Mendo Gomes de. Hipótese de não incidência da Compensação Financeira pela Exploração de Recursos Minerais (CFEM) sobre o produto mineral industrializado. *In*: SOUZA, Marcelo Mendo Gomes de (Coord.). *A Compensação Financeira pela Exploração dos Recursos Minerais – CFEM*. Belo Horizonte: Del Rey, 2011.

TOMELIN, Georghio Alessandro. Silêncio-inadimplemento no processo administrativo brasileiro. *Revista de Direito Administrativo – RDA*, n. 226, p. 281-292, out./dez. 2001.

TORRES, Ricardo Lobo. *Curso de direito financeiro e tributário*. 18. ed. Rio de Janeiro: Renovar, 2011.

TORRES, Ricardo Lobo. *Curso de direito financeiro e tributário*. 12. ed. Rio de Janeiro: Renovar, 2005.

TORRES, Ricardo Lobo. *Curso de direito financeiro e tributário*. Rio de Janeiro: Renovar, 1993.

TORRES, Ricardo Lobo. *Tratado de direito constitucional financeiro e tributário*. Rio de Janeiro: Renovar, 2007. v. 4 - Os tributos na Constituição.

TROTABAS, Louis; COTTERET, Jean-Marie. *Droit fiscal*. 8ᵉ éd. Paris: Dalloz, 1997.

VERECHIA, Heleno. *Obrigações propter rem no Código Civil*. 2004. Tese (Doutorado em Direito)– Pontifícia Universidade Católica de São Paulo, São Paulo, 2004.

VERNENGO, Roberto José. *Curso de teoría general del derecho*. 2. ed. 4. reimpr. Buenos Aires: Depalma, 1995.

VIGNOCCHI, Gustavo. *Gli accertamenti costitutivi nel diritto amministrativo*. Milano: Giuffrè, 1960.

WINDSCHEID, Bernhard; MUTHER, Theodor. *Polemica sobre la "actio"*. Traducción de Tomas A. Banzhaf. Buenos Aires: Europa-América, 1974.

Esta obra foi composta em fonte Palatino Linotype, corpo 10
e impressa em papel Offset 75g (miolo) e Supremo 250g (capa)
pela Expressão e Arte Editora e Gráfica, em São Paulo/SP.